发现课程

基于园本课程建设的孵化行动

沈颖洁　傅蓉萍　编著

浙江教育出版社·杭州

编写人员

沈颖洁　傅蓉萍　郑秀凤　马晓芽
葛素文　张艳贞　须晶晶　余小丽
薛嫋娜　刘荣兰　阙晓燕　沈燕金
黄　洁　何海婷　葛彩霞

步步留痕向优质

幼儿园是一个有别于学校的教育机构,幼儿园教师不能满足于教学设计,这是因为幼儿园没有固定的教材,也没有课程标准,只有作为儿童发展蓝图——《3—6儿童学习与发展指南》(以下简称《指南》)。幼儿园要根据《指南》的精神,结合幼儿园的实际、儿童发展的现实、教师的现实和资源的现实,确定适宜的课程目标和内容。因此,幼儿园教师需要关注课程设计,哪怕一开始仅仅是一天的课程,一周的课程,一个月的课程。其实,作为一个教师,对自己所在年龄班的一个学期、一个学年课程能熟练地计划和落实,是现代幼儿园教育对专业化教师的基本要求。这是20世纪80年代以来,幼儿园课程与教学发展的重要内容,也是教师成长的基本历程。正是从这个意义上说,幼儿园教师是专业人员,是需要课程设计、实施和评价的基本意识和能力的,也可以说,幼儿园教师的工作具有特殊性,是不可替代的。我们反对以彰显"特色"为目的的、标新立异的所谓"园本课程",也反对以出书为目的的"园本课程"建设,但一个幼儿园坚持以《指南》为指导,深入研究儿童,努力挖掘资源,全力为儿童的学习和发展创设适宜的课程是值得倡导的。真正园本的课程就是落实《指南》精神的课程,就是适宜有效的课程,能最大限度促进儿童全面发展的课程。

党的十九大提出我国已经进入高质量发展阶段,要建设高质量的教育体系。学前教育在高质量教育体系建设中不能缺席,不能掉队。要提升学前教育质量，有很多工作要做。其中一项非常重要的工作就是要超越课程设计，走向课程建设。课程建设是一项系统工程，需要整体规划，精心设计，协同推进，全员参与。课程设计是课程建设的重要内容，课程设计是贯穿于课程建设的全过程的，课程需要不断实施、不断生发、不断完善。除了课程设计，课程建设还包括课程实施、评价的途径、方法，策略体系的积累和系统化，包括课程资源挖掘、管理和利用的规划和实践，需要开展有针对性的课程审议和教学研究，需要进行课程环境的创设和优化，需要建立和实施不同层次的课程管理制度，以及需要培育良好的课程文化。因此，幼儿园课程建设是幼儿园教育和管理的一项核心工作，它直接影响教育质量，直接影响儿童的学习与发展。

杭州市西湖区学前教育指导中心沈颖洁老师寄来的"幼儿园园本课程孵化丛书"应该就是区域层面上推进幼儿园课程建设的系列化成果，是对幼儿园课程建设过程进行的总结和反思，是老师们集体智慧的凝聚和提升。从丛书的基本架构看，基本确立了课程建设的系统视野，并把宗旨聚焦在总结课程建设的基本经验，反映课程建设过程中老师们的学习和思考，推动幼儿园课程建设不断走向科学和高效。西湖区课程孵化园的成果体现了儿童为本的教育理念，注重大自然和大社会中的教育资源，真正让儿童动用多种感官感受周围的环境，获得多样化的经验，努力把儿童的学习潜能激发出来，让学习更加生动、更加有趣，让幼儿获得更多鲜活和关联的经验。

期待杭州市西湖区不断落实《指南》精神，深入推进课程建设和课程改革，不断涌现更多幼儿园课程建设的先进经验。不断实践，日积月累，理论和实践相结合，推进幼儿园教育质量的新跨越。

虞永平于南京

2021 年 11 月 7 日

在发现中滋养和成长

翻阅书稿时，我的内心不断地被感动和惊喜所充盈。感动的是西湖幼教人在近十年时间里孜孜不倦的专业追求和自我成长；惊喜的是课程意识已经如此深植于西湖幼教人心中，字里行间，每一处都能品味到他们的用心、真情和专业精神。

在课程改革实践中，西湖区从"发现儿童"，到"发现课程"，他们用专业的眼光去审视教育，智慧地看到儿童、课程与教师三者的关系，并努力让三者彼此联通，互相滋养、共同成长。

虞永平教授说过，园本课程是指在幼儿园现实的根基上生长起来的与幼儿园的资源、师资等条件相一致的课程。李季湄教授认为，我国幼儿园课程的权利主体和开发主体都是幼儿园，园本课程是幼儿园按照国家与地方课程的基本精神进行的课程选择、重组与整合而形成的适合幼儿园特点的个性化的课程体系。从某种角度来说，园本课程的存在是幼儿园课程固有的特点。

《浙江省教育厅关于全面推进幼儿园课程改革的指导意见》中明确提出应分类建设园本化课程。园本化课程建设分两类：第一类是对经省级及以上教材审查委员会审定通过的教师指导用书和课程资源，根据本园幼儿、教师的实际及资源状况进行园本化改编；第二类是有条件、有积累的幼儿园，可以在明确的课程理念的指引下，借助相关的资源形成真正适宜有效的园本课程。幼儿园课程园本化的这两类实践过程，其实质都是使每一所幼儿园形成相对科学、合理、优质、高效、适合本园情况的课程体系，让课程贴合本园的办园理念和目标，符合本园的条件和资源，适合本园教师的实践能力和水平，最终让课程适宜本园儿童的发展。

西湖区作为《幼儿园教育指导纲要（试行）》国家级实验区，幼儿园的课程改革一直走在全省前列。此次，西湖幼教人以一种温暖、生动的方式编著了这套讲述园本课程建设的母子系列丛书，分为母本1册（《发现课程——基于园本课程建设的孵化行动》），子本系列5册（《美有一百种表达——幼儿园美诉课程》《让儿童更幸福——幼儿园幸福种子课程》《没有屋顶也是教室——幼儿园野趣课程》《小鬼来当家——幼儿园小树林课程》《不完美小孩——幼儿园儿童自我成长课程》）。这是继2018年《发现儿童：旨在儿童观重塑的区域研修新样态》出版后，西湖幼教人在"发现儿童"道路上留下的又一个鲜明的"印迹"。"发现儿童继而发现课程"既是西湖幼教人的主张，也是他们在园本课程建设实践中根植于心的教育观呈现。

本书对于各地开展幼儿园课程建设的借鉴作用是显而易见的，同时，其背后教研支撑区域课改推进的思路和方法也值得我们学习。全域提升幼儿园教育质量，课程建设和课程改革不能仅仅局限于几个样板园，而必须是"一个都不能少"。对于西湖区这样一个有着百余所幼儿园（园区）容量的大区，这显然不是一件容易的事。所以，当时我很好奇沈颖洁老师邀请我看书稿的时候，为什么要用"妈妈书""宝宝书"这两个词，原来除了情感因素外，还隐含了"分批孵化"这样一种区域推进策略。在这个策略之下，沈颖洁老师带领下的教研团队带动全体西湖幼教人，进行着默默的耕耘和不倦的追求。因此在本套丛书中，我们可以看到，呈现精彩内容的幼儿园，有城区的，也有农村的，有省一级园，也有省二级园……这些幼儿园通过课程园本化的实践，让课程实现回归儿童，回归生活，回归自然，回归文化传统，最终让园所的课程适宜自己面对的儿童的发展，让每一所幼儿园的课程走在适宜性提升的道路上。在这个过程中，每个人都是课程的建设者，也都是课程的受益者。西湖幼教团队就这样在课程建设的行进中不断成长。

　　课程建设是一个不断协同理念、明晰目标和探求方法的过程，西湖幼教团队在园本课程建设领域已经取得了不错的成绩，让我们继续期待他们用智慧去发现，在发现中成长，为每个儿童提供更高质量的教育陪伴。

浙江省教育厅教研室幼教教研员　虞莉莉
2021年8月

目　录

第一章

让它成为它自己
——课程孵化行动

第一节 课程孵化行动的理念构想

2017年11月，浙江省教育厅发布了《关于全面推进幼儿园课程改革的指导意见》（以下简称《指导意见》）。在全省各地教育行政和教研主管部门深入推进此项工作之际，西湖区原有的区域性"发现儿童"研修行动进入"发现课程"的课程孵化行动阶段。自2016年9月起，西湖区幼儿园园本课程孵化行动开启了"以儿童观带动课程观"改革的区域学前教育课程改革行动。经过五年来的实践探索，形成了有别于"行政强势推进"的另一种"内部生长式"的区域课改样态。

一、课程孵化行动的背景

1. 儿童观重塑使课程改革成为内部生长的自主需要

西湖区生态优越、环境秀美，特有的区位优势和资源为学前教育提供了和谐的发展大环境。在精致、包容、开放、灵动的文化氛围下，西湖区涌现出诸多优秀的幼儿园、优秀的教师团队，也成为浙江省学前教育发展的研究高地。有着良好发展基础的西湖区学前教育，如何在学前教育课程改革的浪潮中实现高位抬升？

西湖幼教人用8年时间，探寻出了一条以"发现儿童"为内核的引领教师儿童观重塑、指导教师行为变革的区域研修之路。这一研修行动指引着教师改变看待和对待儿童的原有观念，努力了解和理解儿童的天性，追随并支持儿童的学习与发展，珍视童年的独特价值并努力去充实童年的意义。可以说，经过多年的研修推进，"发现儿童"不仅仅是西湖区研修行动的名称代号，更是作为一种理念和态度，成为西湖幼教人的思维方式和行动特质，弥散在教育实践中，使西湖幼教散发出一种独具内涵的气质。

随着儿童观的不断更新，西湖区的幼儿园教师越来越能发现儿童的即时兴趣、个体差异和发展需要，变得越来越不满足于"照本宣科"地执行课程指导用书，更多的园所在课程实施上逐渐从原来的"注重预设、强调执行"转变为基于儿童立场的"积极调试、灵活创生"。于是，支持区域内的部分幼儿园进行"以本园儿童发展为本"的园本课程开发与建设，即"园本课程孵化行动"，也成为一种满足幼儿园及教师内部生长的自主需求。

2. 课程孵化是新一轮课程改革顺势而为的行动抓手

2017年11月，浙江省教育厅发布的《指导意见》指出：落实课程改革是一场全方位推进的行动，是不断提升课程适宜性的动态过程。《指导意见》为浙江省新一轮学前教育课程改革行动指明了方向 —— 课程园本化。倡导幼儿园基于儿童的成长需求，在科学正确的儿童观和课程观的指引下，挖掘各类资源，实现课程的园本化实施及园本课程的开发与建设。

课程园本化的过程就是追求课程更适宜的过程，而检验课程是否更适宜的标准在于是否"以儿童发展为本"。2001年颁布的《幼儿园教育指导纲要》（以下简称《纲要》）和2012年颁布的《3—6岁儿童学习与发展指南》（以下简称《指南》）中一以贯之的价值导向就是"以儿童发展为本"。因此，当下课程改革的突破口并不是从"以教师为本"转向"以儿童为本"，而是从概念化的儿童转向教师所面对的本园、本班的儿童。教师唯有看见每一个儿童，发现本班、本园儿童的成长需要，才能为儿童提供更适宜的课程，才能引发"接纳与尊重、信任并赋权、读懂再支持"等教育行为，从而使"以儿童发展为本"这一核心的课程价值观在当前的"课程园本化"改革中找到新的立场和突破口。

3. 课程孵化成为园所品牌成长中水到渠成的表现

近十多年来西湖区的学前教育经历了一个前所未有的飞速发展阶段。随着政府部门对学前教育的重视和扶持，加上区域经济的发展和人口的导入，西湖区的幼儿园如雨后春笋般地建立并增长，以每年开办6—8所新园的节奏快速发展。在发展初期，幼儿园的发展重心大多在理顺管理、规范办园、稳定师资等方面。而经历了8—10年园所发展的成长期，逐步进入发展成熟期的幼儿园，就有了基于园所实际开发课程的实践积淀和研究基础。

此外，参与西湖区课程孵化行动的27家幼儿园，园长的平均年龄在40岁左右，这些园长和管理团队在个人的专业发展上都处于黄金期，有能力，有想法，敢于身先士卒地创新和突破，也拥有强劲的学习能力和探索精神。在课程孵化行动中，园长们的课程领导力被大大激发，她们的工作重心转向课程的建设和园所文化、办园理念的培育，作为有能力的课程领导者和建设者，以极大的信任赋权并支持、助推教师和儿童共同编制课程。这一批成熟园长投身课改，促使西湖幼儿园课程改革形成良好的区域改革氛围和良性的发展态势。

二、课程孵化的内涵与行动信念

（一）内涵定位

1. 孵化——内在驱动与外部支持相结合的培育过程

孵化，是指动物胚胎发育成新个体的过程，是让生物体成为更成熟、更完整的个体的过程。就课程孵化来讲，孵化的目的是"化"，即实现园本化；过程和手段是"孵"，意味着此过程伴随着尊重、接纳、信任、期待、关爱等一系列有温度的举措，从而使园所探索出适宜本园儿童发展的园本课程。相比"整体规划、全面打造、顶层架构"等做法，课程孵化更体现了一种"内在驱动"和"外部支持"相结合的培育过程。

就鸡蛋而言，从外向内打破是压力，而从内向外打破则是成长。西湖区的幼儿园课程孵化行动自2016年9月启动至今，先后进行了四轮共27所幼儿园的孵化。从第一轮12家、第二轮6家，再到第三轮4家，第四轮5家。每当新一轮孵化行动需要确定孵化园时，我们充分尊重幼儿园的意愿，根据自主申报，将积极参与改革的意愿作为衡量是否适合成为孵化园的先决条件。我们设计了园本课程建设调查问卷，问卷包含"课程开发的背景和基础、目标指向、内容编排、环境师资方面的保障举措、运行机制、课程文化"等多个角度的10个问题。例如："你园的园本课程创建中是否形成了较为独特的、富有生命力的某些文化现象？""家长、同行、本园教师往往会用怎样的语言来描述你园的课程？"要求各园课程管理第一负责人——园长组织幼儿园的管理层和教师在问卷问题的引导下层层深入地讨论、梳理和思考，最终慎重地做出是否申报孵化园的决定。又如，"经过一系列问题的盘点与思考，你和你的老师们是否充满信心，是否愿意加入这一场'因为儿童，所以改变'的课改行动？"这份问卷的意义在于帮助园所避免盲目地表达参与课程改革的意向，而是结合思考具体的问题逐渐产生行动思路以及改革的信心，从而生发出内在的驱动力。

2. 课程——与孩子一起充实且有意义地生活

我们对于要孵化出的课程，有着基本的价值取向。近现代学前教育的基本立场就是教育应当促进儿童的生命成长，让孩子充分感受生命的意义，展现生命的力量，让孩子成为自己。对于学前儿童而言，生活的质量决定生命的质量，生活既是儿童学习的内容，又是学习的过程。努力让儿童在幼儿园生活的每一天都是充实且有意义的，就是我们孵化课程的朴素初心。

所谓充实，就是儿童能有更多的机会去做自己喜欢的、挑战性适度且能有思维和情感参与的事。当孩子专注、投入、流连忘返，发自内心地不断探究、创造和表达时，我们就能确信，这是儿童需要的适宜的课程。而有意义，则是儿童能通过自身的感官参与，让外部的客观世界和内部的心灵世界发生积极的相互作用。不仅仅只是即时的开心、愉悦，而是能在活动中感受到自己的成长与自我实现，拥有内在的生命力量和成长快乐，这是我们期待的课程。我们期待教师体察和发现儿童内心的感受及反应，努力站在最有利于儿童生命成长的立场上，去和儿童一同充实且有意义地生活，促进儿童的生命向着积极的方向成长。

（二）行动信念

1. 尊重基因，让它成为它自己

园本课程是在幼儿园的办园基础上建立起来的，基础包含现状、园风、文化等一系列储存着幼儿园自身独特信息的"基因"。尊重基因，就是接纳园所的现状和办园基础，设身处地地站在园所的立场上帮助园所在原有的发展水平上进一步成长蜕变、优化课程实践、沉淀教育思考、凝练办学理念，成长为园所自身期待的样子，而不是外界要求达成的模样。因此，我们认为园本课程的建设不能简单地引进，或是武断地剪裁改造原有课程，更不能是不触及行动的外在包装与修饰。

于是我们鼓励并指导幼儿园开展多方论证，邀请专家、家长参与交流、讨论，组织教师座谈，倾听幼儿心声，充分地了解园所过往，盘点家底，对孩子情况、家长群体、已有研究、周边资源、教师意愿等进行深度剖析，在反复论证中帮助幼儿园逐渐厘清自己想成为怎样的幼儿园，培养怎样的儿童。例如，闻裕顺学前教育集团有着60多年的办园历史，一直以来以儿童美术领域教育见长，在周边社区居民口中是一所"孩子画画特别好"的幼儿园。当该园提出成为课程孵化园的申请时，我们在尊重其原有课程积淀的基础上，与该园教职工一起提炼出"对美的追求"的办园思想，变传统的关注技能技巧的美术教育为支持儿童审美体验和表达的美诉课程。从"美术"到"美诉"，一字之差，表达了幼儿园"在传承中发展"的课程方向与定位。又如，转塘幼儿园曾是一所乡镇中心幼儿园，在离该园不到一千米的地方先后落成了中国美术学院和浙江音乐学院。该园在盘点周边资源后，发现自己拥有"近水楼台"的高校艺术教育资源和高素质的艺术人才资源，于是"在浸润体验中萌发孩子对艺术的向往和热爱"成为转塘幼儿园"萌艺课程"的愿景。

2. 正念引领，相信并始终期待

每一项改革，其动力都应该源自内在的成长驱动。在课程孵化行动中，我们秉持"正念引领"的行动信念，"不评判、不设限"，避免依据固化的经验和认知模式，先入为主地做出判断，凭印象对园所的发展人为设限。我们更强调"关注当下"，关注幼儿园教师群体的想法、感受、工作状态和改革意愿。

因此，我们不是简单地按照幼儿园的办园等级来遴选孵化园。因为幼儿园等级和师资水平虽然与课程实施水平成正相关，但并不绝对，我们更看重教师群体是否具有"儿童立场"，整个团队是否具有"儿童权利优先"的意识。例如，留下幼儿园的硬件条件、师资力量以及原有的研究基础在西湖区同级同类园所中并不具备突出优势，但在前一阶段的"发现儿童"行动中，该园通过扎实有效的园本研修，教师的思维方式、行动立场都发生了显著变化，实现了教师儿童观的更新。他们对儿童的特质、兴趣、需要等非常敏感，善于发现与思考，对儿童充满好奇和关切。因此，我们在综合分析该园的课程改革意愿和研修基础后，接受其申请，使其成为西湖区首批课程改革孵化园。又如翠苑第一幼儿园，它的两个园区都位于陈旧的老式小区内，幼儿园受硬件环境、场地设置等的限制，没有太多可供利用的社区资源。虽然因为场地等条件限制，翠苑第一幼儿园多年来鲜有展示自己的机会，但可贵的是教师团队一直保持着与儿童分享阅读的实践基础，团队成员们也从和儿童基于图画书的互动交流中感受到童心世界的美好，精神世界得到滋养。于是，带着这份对儿童精神世界的敬畏和守护之心，翠苑第一幼儿园也自然而然地成为第三批课程孵化园。

3. 眼中有人，每一个你都很重要

幼儿园的课程由谁来决定？应该由足够了解儿童原有经验的老师们来决定。因此，在这一场课程改革行动中，我们尤为关注每一家园所、每一个团队、每一位教师的想法与做法。有科学理念支撑、有创造性工作热情、有踏实的钻研精神和持久的团队协作能力的老师们发自内心地与儿童共建课程，是课程可持续发展更新的动力。

在西湖区各类研修和展示活动中，我们努力做到让教师"做理解的事，理解所做的事"，而不是简单地上情下达以推进某一项改革举措。我们通过研修让每一位身处其中的教师从内心理解改变的意义。因为儿童，所以改变——这一份简单质朴的初心，让每位老师在课程改革行动中，都有了自主的判断依据和独立的价值取舍，而无须等待他人的指令或首肯。他们身处集体之中，每一项经由自主思考而来的教育创新都被尊重和信任。例如西湖区第18届"我是儿童研究者"的区域性研讨会，就以"致敬一线儿童研究者"为主题，通过"智能新时代、宅家新风尚、复学新挑战"三个板块，让10位一线教师全网直播，介绍疫情期间的课程实践。当老师们的课程故事被更多的同行赞赏时，教师的专业自信也会被大大激发。又如西湖区第19届"我是儿童研究者"的区域性研讨会，隆重推出了5位10年左右教龄的一线教师，她们分别阐述了从"游戏故事、科学现象、生活事件、作品对象"等角度引发的课程创生实践，并生动展现了各自关于课程实践过程的反思与评价。我们还邀请了来自省内其他地区的教师同行，与之进行深度对话，帮助教师找到主题实践中的高光时刻，以此来增强自己教育创新的成功感、教育改革的胜任感。正是有了这些一线研究者不断的自我实现和自我超越，西湖幼教的课程改革才能有源源不断的创新与突破，也才能在不断的反思性实践中体现出更具内涵的质感。

三、课程孵化的行动特质

1. 共情式陪伴

在孵化园的课程开发与建设中，过程性的支持、陪伴和及时的疏导尤为重要。我们始终坚信幼儿园有自我生长、生发课程的能力，并通过多种形式的课程孵化工作坊来提供孵化所需要的关爱、信任与期待。我们定期组织孵化园就课程目标提炼、课程环境创建、课程内容开发等共性问题进行专题性的碰撞交流。利用园所之间的不同视角、不同立场、不同举措等差异资源，在思辨和取舍中引领园长和教师的价值观建设。例如交流中，我们发现很多幼儿园在制定课程目标时，容易走进两个误区。一是五大领域面面俱到，且喜欢用诸如"乐探究""爱阅读""喜运动""善交往"等三个字的目标表达方式。各种排列组合的"三字经"，让人觉得似曾相识容易混淆，以至于不能真正走心入耳，无法彰显园本课程的理念。而蒋村花园幼儿园提出的培养"有力、有爱、有能、有根的西溪棒伢儿"，就清晰准确地将依托地域民俗资源开展的课程目标指向了儿童在地域文化滋养下的成长与发展。二是空有美好的愿景和口号，却难以落地，教师无从实践。于是，我们会陪伴幼儿园团队一起聚焦理念，进行课程目标的再挖掘。例如，文鼎苑幼儿园的"文·鼎"课程，原有的课程目标是"鼎真、鼎善、鼎美"。真善美的教育期待很美好，但究竟期望孩子在课程中获得怎样的发展？如何才能将美好的理念转化为契合儿童成长需要的发展目标？经过交流，文鼎苑幼儿园将课程目标与儿童的年龄特点相结合，最终形成了"鼎真 —— 有好奇心的探索精神、鼎善 —— 有同理心的利他行为、鼎美 —— 有审美力的生活态度"的课程目标。老师们一下子觉得对目标的把握有了具体的切入点。

2. 疏导式交流

我们强调尊重各所幼儿园课程发展的速度和方式，给予园所充分的信任。当园所遇到瓶颈问题时，我们及时进行个性化的交流疏导，帮助幼儿园坚定信心、明晰方向。例如，名苑幼儿园场地小，因地制宜探索了形式多样的分组活动模式，并在此基础上尝试开展"乐享选择课程"。为了增加孩子选择的机会，教师在一日生活各个环节都鼓励孩子表达自己的意愿。结果，孩子的"奇思妙想"越来越多，越来越"新奇"，孩子层出不穷的选择意愿和难以兼顾的师资人力条件之间出现了矛盾，成为课程发展的瓶颈，令教师和管理者都产生了困惑。针对该问题，我们和幼儿园一同分析、探讨，并渐渐感悟到"乐享选择课程"的意义并不在于提供多少种选择，而是要努力挖掘"选择的意义和内涵"，帮助孩子体验如何了解自己并做出选择，如何尊重他人的选择，如何为了自己的选择而行动。又如，申花路幼儿园作为首批课程孵化园，在原有研究基础上尝试开发创客养成课程。针对教师基础薄弱的情况，我们和幼儿园进行交流，引导其沉下心来，加强教师培训。从课程理念到值得借鉴的经典项目，园长带领教师反复阅读、反思、领悟。短短一个暑假，他们就读了不下10本关于STEAM教育的书。所谓"磨刀不误砍柴工"，深入学习成为课程改革的强大后盾。

3. 嵌入式评价

为了帮助园所看到自己的成长，让教师增强研究的自信，我们利用"西湖儿童研究"微信公众号和同名内刊，及时刊发课程孵化过程中的先进理念和创新做法。我们在"西湖儿童研究"微信公众号内开辟了"课程孵化"专栏，及时发布理念和行动都具有借鉴意义的课程故事，带给一线教师更多的思考与启发。这些课程故事的推送和转发本身就代表了一种价值认同。转发过程中来自教研员、园长、业务负责人、教师等不同视角的推介词就是一种及时的鼓励和质朴的评价，有助于在区域内树立起"以儿童发展为本"的儿童观和课程观，实现柔性评价和引领的功能。例如，政苑幼儿园推出了课程故事《秋游不止那一天》，区教研员在转发时推介道："好多幼儿园组织秋游已经不满足于简单的吃吃玩玩了！有些幼儿园不仅已开始引入一些有趣的富有挑战性的活动，而且有了更深入的思考与行动。比如，政苑幼儿园关注孩子相关经验的积累、运用、拓展，联结日常生活情境去解决真实的问题！所以，秋游真的不止那一天……"

课程故事的发布和推送不仅极大地激发了教师的专业自信，同时也延伸出了相关区域内的互助研究。很多幼儿园会将其他园所的课程故事作为园本研修的案例，深度剖析教师追随儿童并助推儿童学习与发展的行为，在学习与借鉴中提升教师的课程意识。例如，留下幼儿园中三班的课程故事《台阶》一经推送就受到了广泛关注。区域内的浙江大学幼教中心就以此案例为素材开展了多次研讨，他们深入地分析课程行进的脉络、推进的思路、带给儿童的发展价值等。为了更好地了解教师如何在课程中追随儿童的兴趣和经验，如何对课程的推进方向做出适宜的价值判断，浙江大学幼教中心还邀请该项目活动的原任教师开展了一次联动式教研。教研不仅让教师们了解课程实施的过程与结果，更有机会呈现教师的心路历程和反思分析。大家结合问题在质疑、碰撞中进一步思考。比如，"这个项目活动是从'幼儿园哪个地方最好玩'的讨论开始的，孩子们肯定说了很多地方，为什么最后教师确定通过'台阶'开展活动？教师是出于怎样的考虑？""台阶变成舞台以后，现在怎么样了？孩子还在玩吗？如何让孩子感受到他们研究台阶的作用，获得满满的成就感呢？"

4. 迭代式发展

我们在定期召开区级阶段性课程孵化成果展示会的同时，积极寻找各类展示平台，如全国游戏研讨会、浙江省课程改革推进会、杭州市精品课程交流会等进行课程孵化进程及成果的展示。每一次展示交流都会促进幼儿园对原有课程理念与实践进行深入思考，并做进一步梳理回顾，为幼儿园的课程孵化持续提供"温度"，促使幼儿园的园本课程不断优化与自我更迭，朝着"更适宜本园儿童发展"的方向发展。例如，政苑幼儿园的园本课程最初定位为"特别的我"，强调教师发现和欣赏"每一个独特的个体"。区域课程孵化周期中的多次展示与交流促使政苑幼儿园不断反思，进一步形成"认识自己是为了变成更好的自己""认识自己、悦纳自己、做更好的自己"的课程目标。现在，人们走进政苑幼儿园，就能看到孩子无处不在的活动痕迹，孩子们自信地表达着自己的想法、愿望、行动计划等，为变成更好的自己而努力。而那些观察记录、白描故事则展现出教师对儿童的"真实陪伴""真实支持"。又如，莲花港幼儿园的小树林游戏课程，原来的游戏内容大多由教师预设，如飓风跑场、叽喳鸟林等，还专门配备游戏说明牌来介绍游戏玩法和规则。随着一次次展示交流的开展，园长深刻反思游戏中的儿童权利，在不断的自我质疑中转变观念，最终舍弃了精心装饰的游戏规则牌，让孩子们按照自己的想法来设计游戏，以儿童化的表达方式来呈现游戏玩法和规则，并且在后续的小树林游戏中更加追随儿童的需要，支持儿童发现问题、解决问题，真正实现"小树林游戏"的项目化推动。

5. 物化成果的积累与推广

我们鼓励幼儿园将课程孵化的成果进行梳理、提升，推荐他们参加省、市精品课程评选。在首轮孵化行动中,闻裕顺学前教育集团的"美诉课程"、留下幼儿园的"野趣课程"、政苑幼儿园的"不完美小孩课程"、文苑学前教育集团的"幸福种子课程"、莲花港学前教育集团的"小树林游戏课程"均被评为省、市级精品课程。

我们还与网络公司合作研发了"西湖区园本课程建设资源平台",鼓励幼儿园共享课程建设中积累的优秀课程资源,幼儿园管理员和区教研员共同对优秀的主题活动、项目活动、游戏活动等课程资源进行园级推荐、区级推荐,从而实现区内资源共享。伴随课程孵化,我们还为幼儿园提供专项经费,组织幼儿园编著园本课程资源丛书,支持幼儿园以物化的形式呈现园本课程,并使之不断走向深入。

四、区域课程文化生态的建设与形成

课程孵化行动之所以能在西湖幼教的土壤上大力开展,还得益于区域课程文化生态的建设与形成。西湖幼教人始终坚信并愿意持续为之坚守的美好的教研模样主要有以下几个方面:

1. 有契合的三观

在课程改革进程中,无论改革的浪潮如何涌动,无论后疫情时代处于如何易变的、不确定的状态,我们始终保持教育的初心和内心的定力,其原因在于我们有着共同的价值观 —— 儿童观、课程观、教育观。我们回归教育的基本元素,去思考如何看待和对待儿童,如何理解幼儿园的课程,如何以高质量的互动支持儿童的学习与发展等问题,然后使这一系列思考落地并延展到每一天充实且有意义的幼儿园生活中去。

当这一切成为教师的思维方式、行动特质,以及自然而然地成为我们与孩子相处的本真模式、与自我对话的专业姿态时,我们就拥有了面对任何"疫情"依旧向阳而生的"免疫力"。

2. 有对话的习惯

对话,可以帮助一个团队在共享中实现更大程度的共赢。在西湖区的各类研修活动中，每一个身处其中的团队或个人，都拥有一颗简单纯粹的心。在这里，我们相信"分享是美德"，认为"大家好才是真的好"，并致力于尽己所能以及通过团队的合力，不断优化身边的教育生态。因此在研修中，大家无惧伤面子，相互质疑，不断追问；在评比中，共同思辨，合作共赢。我们依托"协同教研、网格研修"等区域教研机制，进一步探究搭建多层级卷入的研修组织架构，同时依托网络平台拓展辐射面，助力更多一线教师，形成"全区卷入、全员卷入、全程卷入"的研修样态，并吸引更多省内外幼教同行一同卷入"云研修"。我们在对话中交流思想、碰撞观点、审视日常、质疑思辨，从而形成"各美其美、美美与共"的良好区域对话平台和氛围。

3. 有努力的榜样

榜样是旗帜，代表着方向；榜样是资源，凝聚着力量。在西湖区，我们努力挖掘身边的榜样，为幼儿园和教师们指明努力的方向，以榜样为资源，用更多元的视角去挖掘幼儿园不同的可贵之处，促进保教质量的整体提升。例如，开展了"走进幼儿园"保教质量提升系列研修活动，如"走进申花路幼儿园、研儿童深度学习""走进文新幼儿园、研儿童品质生活"……我们不以模糊笼统的评价来简单标注一所幼儿园是否优质，而是尽可能客观、情境化地还原幼儿园的做法和状态，引发同伴幼儿园的赞赏与自发学习。每一年，区内幼儿园之间自发开展频繁的相互观摩、交流学习。在这个处处弥漫着"内卷"焦虑的时代，西湖幼教人却用质朴而又纯粹的努力好学，与有着共同志趣的同伴们同频共振，使自己的课改之路走得笃定而又从容。

4. 有嵌入实践的反思

"嵌入"表明我们更强调伴随课程实施的过程，让反思与评价发挥调整、优化的积极作用。"反思"强调教师作为评价主体的积极参与。教师作为课程与教学情境中的当事人，对自己教育行为的缘由、思路、当下的情境最为了解。因此，建立在更充分的信息基础上的评价，依托教师自身的反省意识和能力，才能让评价不依靠外部力量的督促与控制而真正发挥作用。在西湖区，我们强调教师对自己的教育思想、教育态度、教育教学行为及效果的自我悦纳与积极归因，从而焕发专业自信和专业自觉，改善与促进自己的教育行为。

5. 有基于实践的主张

培养有信念的教师、打造有信念的幼儿园，才能孕育出不断进步、发展的科学的课程。幼儿园的教育是需要信念支撑的理性的活动，只有明确地坚守理念，才能避免干扰，生发出适宜的课程。我们鼓励教师将基于教育实践的鲜活"发现"，再进一步提炼成为"主张"，并不断积累形成一系列体现自己价值取舍、处事原则、行动依据的教育主张（主张即对如何行动持有某种见解）。这是成为一名研究型教师的质朴而又坚实的专业成长之路。在反复咀嚼和深度思考中，让自己的行动从一种偶然的下意识做法，转变为有自己主张的有意行为，由此我们对于儿童、对于课程、对于儿童的学习方式也就有了自己的质朴而又坚韧的信念。

回顾课程孵化历程，我们发现，当教师相信"儿童是有能力的学习者"时，就会以更大的信任和热情赋权并支持、助推儿童的学习与发展。同样，当我们深信"教师是有能力的课程建设者"时，他们也会以更大的热情和智慧来推动课程的变革，园所也会在不断的自我更新中成长为他们所期望的样子！这就是孵化的力量，内部生长的力量！

第二节　课程孵化行动的推进机制

　　《指导意见》的出台，为新一轮学前教育课程改革指明了方向，全省幼教界如火如荼地进行着学前教育课程改革。西湖区积极加入此轮课程改革行动中，旨在通过课改带领幼儿园和老师们为孩子构建更加适宜的课程。

　　2016年9月，我们对区内各园园本课程现状进行了问卷调研和专项视导，发现了一些问题，迫切需要集结区域整体推动的力量，帮助幼儿园和老师厘清思路、明确方向，为他们提供一些园本课程孵化的策略。2017年下半年，区域层面明确了课程孵化行动的推进机制，以此对各园进行园本课程的价值引领、行动支持，从而帮助幼儿园孵化出更加适宜儿童发展的园本课程。在园本课程孵化过程中，我们采用"双轮驱动"的区域推进机制。

　　顾名思义，"双轮驱动"是指自行车的两个轮子相互协调、持续发力。区域课程孵化的"双轮驱动"，一是依托各园现有课程基础、集结区内优质资源的力量；二是借助外部大专院校、专家团队等力量形成合力，共同推进区域课程改革的行动。通过内外并举的"双轮驱动"机制有效推进区域课程改革行动。

　　对内主要采用调研摸底、整体谋划、专家把脉、视导跟进、联席研修和考核护航的方式来推进；对外重点实行高校进修、名园跟岗、平台开发、媒体推送、成果出版和外包评价的方式来推进。

一、"双轮驱动"的内部推进机制

（一）调研摸底

2016年9月，西湖区学前教育指导中心从"现有积淀、实践摸索、挑战突破"三方面入手，对区内幼儿园的园本课程进行了调研，共收到33所公办园、6所部门办园、2所民办园的问卷41份，同时对部分幼儿园进行了课程的专项视导。在调研和视导的过程中，我们发现：有的幼儿园的园本课程价值取向值得商榷，大部分幼儿园课程实施缺乏有效的策略与路径。具体情况如下：

1.园本课程价值取向值得商榷

在调研和视导过程中，我们发现：区内各园均能以自身的园所文化、已有研究积淀为基础建构园本课程，但课程建构的视角和出发点有待商榷。存在着重特色打造、轻课程培育，重教师本位、忽视儿童立场，重儿童当下快乐、忽视可持续发展等现象。有的幼儿园做美术课程，追求儿童绘画的显性效果，而忽略儿童多元表达的需求；有的幼儿园做游戏课程，儿童游戏内容以教师预设为主，设计了精美的游戏规则牌来介绍游戏的玩法和规则，教师潜意识中还是希望孩子沿着预设的方向开展游戏，无形中限制了儿童自主的权利；还有的幼儿园追随儿童兴趣做项目课程，活动中孩子们确实开心，但教师对孩子获得了什么经验、项目活动有什么价值判断把握不准。

2.课程实施缺乏有效的策略与路径

园本课程的实施是一个不断探索和积累的过程。虽然区内各园办园历史、发展积淀各有千秋，课程形态也各不相同，但各园进行园本课程建设的积极性很高，每所幼儿园都根据园情编制了幼儿园课程纲要并在不断探索实践。但是有的园本课程是东拼西凑的组装，有的是东施效颦的模仿，还有的东一榔头西一锤子，做着做着就忘记了初心。

3.园本课程建设缺乏外力助推

各园在园本课程实施过程中各自为政，根据自己的理解和设想在摸索。很多幼儿园的园本课程架构系统性、前瞻性和实施的成效都不尽如人意，缺少顶层设计和系统思维。各园仅靠自身力量在探究和实践，热情有余而深度不够，显得有心无力，所以课程建设的效度并不理想。因此，迫切需要借助区域整体推进和集结团队的力量，加快园本课程建设的步伐。

课程孵化前的调研，让我们摸清了家底，了解了各园课程实施的现状，也发现了一些问题，为接下来的课程孵化行动指明了方向。

（二）整体谋划

在西湖区教育局的引领下，西湖区学前教育指导中心立足区域全局，多方协调资源，规划园本课程孵化的节奏、路径等，从而提高孵化的效率。

1. 顶层设计，分层分批推进园本课程培育行动

对区内各园园本课程进行梳理分析，帮助各园厘清园本课程实施方向，根据地域、资源、师资和儿童的需求等因素，思考和调整现有园本课程的创建思路。按照"重点打造、整体推进"的思路，明确课程改革的时间节点和进度，分四批全面推进课改行动。首轮遴选了12家孵化园，之后每年遴选4—6所有一定研究基础的幼儿园作为第二、三、四批孵化园。后面三批孵化园从第一批12家孵化园中寻找与自己有共性的幼儿园进行结对，形成互助联盟，分批推进培育行动。

2. 有效实施，启动深化课改实施专项行动

为更好地贯彻落实《指导意见》，区域成立了区课改工作领导小组，由区教育局分管局长担任组长，综合教育科和学前教育指导中心共同承担，全面负责推进课改工作。在"一日生活皆课程"理念的指引下，结合区域实际制订《西湖区学前教育课程改革指导意见》，指导幼儿园立足儿童立场编制完善园本化课程实施方案，整体架构园本课程体系，不断提升课程实施质量。2018年3月出台了《西湖区学前教育"双轮驱动"课程孵化专项行动方案》，从区域背景、项目缘起、项目目标、实施周期、实施路径、支持与保障等方面进行整体规划。旨在通过三年（2018年3月—2020年12月）区域"双轮驱动"的课程孵化行动周期，实现三大目标：一是逐步培养一批教育品质卓越的名园、教育思想高远的名园长、专业素养精湛的名师；二是孵化具有西湖特色的学前教育精品课程，惠及儿童发展、教师专业成长，形成良性发展的美好教育生态；三是探索西湖区学前教育课程改革的推进新

模式、人才培养新模式，实现西湖幼教专业影响力的高位抬升。

区教育局为区域学前教育课程孵化行动的有效实施提供了有力支持和保障，在年度预算中列支近100万元作为幼儿园园本课程孵化的专项资金，用于教师培训、专家指导、课程孵化实践研究和成果发布等。

不谋万世者，不足谋一时；不谋全局者，不足谋一域。区域课程孵化的有效规划为我们接下来的课改行动指明了方向、明确了节奏。

（三）专家把脉

组织省市教科研部门和杭州师范大学、浙江师范大学专家，以及指导中心和区协同教研员、课程孵化园园长等，有计划地走进课程孵化园进行问诊、质疑、剖析和碰撞。2017年3月，浙江大学刘力教授、浙江省教育科学研究院王健敏博士、浙江师范大学王春燕教授、浙江省教育厅教研室幼教教研员虞莉莉和杭州市基础教研室幼教教研员汪劲秋组成了专家团队，对西湖区首批12所孵化园的园本课程方案进行论证和审议。在接下来的3年中，课程孵化园得到了诸多专家的指导和帮助，在与专家的一次次碰撞中，课程理念、目标和实施路径都更加明晰了。

1. 从园本课程名称的改变看课程的价值取向

案例 1-2-1　　　　　"美术"到"美诉"的转身

闻裕顺学前教育集团多年来一直进行幼儿美术教育的实践研究，积淀了一定经验。在进行课程孵化的过程中，黄蓉蓉园长与团队成员们一致认为要充分挖掘已有的特色资源，将园本课程定位为"美术涂鸦"。在与专家对话时，专家们有两个建议：一是"涂鸦"适合低龄幼儿，园本课程应该是适合3—6岁的所有孩子；二是"美术涂鸦"传递给大家的感觉是强调技能和表现手法，与幼儿园原本想通过美术活动让儿童充分表达的初心不一致。经过头脑风暴，大家想到了"美诉"一词，当时大家都拍手称好，觉得非常贴切。

"美术"与"美诉",一字之差,但传递出的信息却大相径庭。"美术"的"术"是技术、技巧和方法。"美诉"的"诉"主张的是以美术活动为切入点,通过多种通道支持儿童的多元表达。"美术"与"美诉"的价值理念截然不同。

2. 从园本课程载体的选择来拓展课程资源的思路

案例 1-2-2   "动漫偶像"到"榜样共情"的跨越

枫华府第幼儿园一直秉持"眼中有人,心中有善"的办园理念,从社会领域切入生成园本课程,选择动漫人物中适合3—6岁儿童发展特点和情感需求的形象作为榜样,通过各种活动将其与孩子的生活进行链接,从而使孩子的心里滋生出正义、善良、勇敢、坚持等社会性情感。随着园本课程孵化行动的深入,老师们发现可供遴选的优秀动漫形象不多。在与孩子讨论、与专家对话之后,蒋蓓园长和老师们开始问:"有没有比动漫人物这个载体更适合3—6岁儿童开展社会领域活动的呢?"专家们集体"碰"撞后,都认同将园本课程"动漫偶像"调整为"榜样共情"。

只要能对儿童产生正向影响、让儿童敬仰的人都是儿童的榜样。那为什么非得攥着"动漫形象"呢?当思路打开后,蒋园长和老师们不再纠结了,园本课程的载体就更多元、丰富,课程也更加有趣了。

3. 从园本课程内容的聚焦来促成孵化行动的落地

案例 1-2-3   "幸福课程"到"幸福种子课程"的完善

2017年3月,5位课程专家听取了文苑幼儿园马晓芽园长关于"幸福课程"纲要的汇报后,都觉得"幸福课程"这样的定位太宽泛,没有抓手。当时,王健敏博士就建议将"幸福课程"改为"幸福种子课程",这样课程实施才会有抓手,才有可能落地。马园长听了王教授的建议后豁然开朗,原来一直困惑不已的问题得到了解决。

"幸福课程"从字面上看是社会性课程,"幸福"是一种感受、一种体验,摸不到、抓不住。做"幸福课程"确实没有抓手,有了"种子"二字就有了方向。文苑幼儿园骨干团队在马园长的带领下,共同梳理出能提升儿童幸福能力的"自信、坚持、责任、尊重、关爱、合作"的"幸福种子"。

专家把脉犹如航海时的灯塔、沙漠中的罗盘,在我们迷茫时给予点拨。多少次,在园长不知所措时,专家的出现让园长们顿悟,在老师举棋不定时,专家的点拨犹如及时雨。在西湖区课程孵化行动中,诸多专家给予了帮助和指导,使我们的课程孵化行动走得那么笃定、那么有力量。

(四)视导跟进

我们将"视导"运用于幼儿园课程评价中,依托"网格化管理"的教科研管理机制,集结指导中心、领衔园园长和协同教研员的力量,组成课程视导专家团队,按计划分批对孵化园进行专项现场课程视导,助推首轮园本课程孵化工作,也为区域打造园本课程提供了样本。

1. 课程视导的内容形式

课程专项视导是指视导团队通过倾听幼儿园对课程实施纲要的解读、课程实施过程案例的分享、课程实施过程中困惑的暴露,对被视导园课程实施现状做一个初步了解,进入保教现场观摩儿童真实的学习场景,身临其境地了解幼儿园课程实施的现状,然后以对话的方式,结合幼儿园分享的内容和现场观察到的真实片段,以案例的方式剖析园本课程纲要与课程实践中的问题,给幼儿园提出建设性意见,帮助幼儿园进一步明晰课程的发展定位、价值取向与实施路径。

2. 课程视导的靶向指导

"靶向"是指朝着一定目标前进,具有针对性、目的性和唯一性。西湖区课程孵化行动采用"靶向指导"的形式,让课程孵化的过程更具针对性、更贴近园本实际。

（1）"基于尊重与融合"的课程专项视导

在课程实施过程中，大部分幼儿园基于审定课程资源进行园本化实施，将园本课程融入主题活动中。在对小和山幼儿园的课程视导过程中，视导团队提出了课程审议过程中要树立"尊重与融合"的理念，并要运用"断·舍·离"的策略，敢于舍弃那些经验断裂、表面好看的内容。从儿童经验基础、学习方式和人际关系等出发，考虑如何"生·联·合"，使主题脉络和行进路径更适宜本园和本班儿童。

案例 1-2-4　　　　　　　　　桥这一家子

实施审定课程资源中班下主题"桥这一家子"时，小和山幼儿园的孩子们对游戏"我的身体来搭桥"特别感兴趣，教师顺应儿童兴趣，将游戏与本园"多趣玩"运动课程进行链接，延伸出有关桥的运动项目，即搭建人体桥—绳桥—立交桥，然后在桥上进行各种游戏。搭建人体桥的重点是控制身体、力求平衡，搭建绳桥、立交桥的重点是合作和创新。桥上游戏主要提升孩子平衡、钻、爬、跳等运动能力。通过一系列与桥相关的游戏，孩子们的动作更加协调了，也更加善于挑战了。

课程视导团队所提出的"断·舍·离"与"生·联·合"的策略，小和山幼儿园在主题"桥这一家子"的实施中很好地进行了运用。在尊重审定课程资源的基础上进行删节、整合和适度留白，再根据主题行进中儿童的需要和兴趣，融合"多趣玩"运动课程，在追随儿童的过程中，充分体现了尊重与融合。

（2）"基于园本建构与创生"的课程专项视导

在办园理念的引领下，幼儿园逐步梳理、明晰课程理念，开始尝试建构独立、完整的园本课程框架。如文苑幼儿园从"七颗幸福种子"的培养目标出发，在"儿童与自我、儿童与他人、儿童与自然"三个维度，逐步建构起符合"幸福种子"课程理念的园本课程框架。

案例 1-2-5　　　　　　　从项目活动"小龙人"审视教师

2018年12月，文苑学前教育集团邀请了浙江省教育厅教研室虞莉莉老师、浙江师范大学甘建梅博士和特级教师王芳对幼儿园"幸福种子"课程实施进行课程视导。在听取了大班"合作"种子"小龙人"项目活动介绍后，专家们觉得这个项目活动实施过程中孩子们兴趣很浓，探究很投入，可老师在汇报时只关注到孩子们的"龙"做得很漂亮、舞龙舞得很精彩，全然忘记了项目活动的初衷是通过小组合作制作海报，通过做龙、舞龙培养孩子们的合作能力。

项目活动是追随儿童的兴趣、为解决儿童的困惑而不断深入的，但项目活动"小龙人"中随着活动的深入，老师更多关注的是"龙"做得很漂亮、舞龙舞得很精彩，忘记了"合作"的初心，这说明老师心中关注形式的东西多一点，关注儿童当下的情绪体验多一点。其实，课程不仅要关注儿童的兴趣和需求，更要将课程目标渗透在主题活动中，要基于课程目标建构与创生课程内容，在课程实施过程中不能忘了初心。

课程视导，是一种以指导帮助为目的的研修方式，团队成员中既有省内外幼教界的专家，又有区内一线的园长和老师，所以深受幼儿园和老师们的喜欢。这几年的课程视导确实帮助幼儿园在课程孵化过程中捋清了思路、明确了方向、坚定了信心。

（五）联席研修

联席研修从研修的方式来说是开放、包容与多元的。为了提升课程实施质量和课程创生能力，加强园际交流与学习借鉴，研究探索课程实践中的新经验、新方法，我们建立了孵化园联席研修的机制。每月组织孵化园的骨干教师进行一次联席研讨，以解决问题为导向开展实操性培训，通过问诊、碰撞、研讨等方式解决课程实施中遇到的问题，使课程孵化的脚步走得更加坚实。

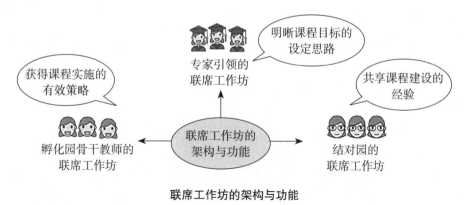

联席工作坊的架构与功能

案例 1-2-6   **"美诉 & 绘美"互通的学习路径**

闻裕顺学前教育集团的美诉课程和午山幼儿园的绘美课程都倾向于支持儿童的艺术表达。在一次联席工作坊活动中，闻裕顺幼儿园分享了美诉课程实施中运用"经验唤醒—通道建构—多元表达"来支持儿童的艺术表达的案例，让午山幼儿园很受启发。

成立联席工作坊的目的就是加强同伴之间的相互沟通交流，通过联系实现资源共享、同伴互助、携手共进。"美诉"和"萌艺·启智"之间的相互影响、相互借鉴就是我们创建联席工作坊的初衷。

联席研讨中各孵化园轮流担任承办园和主持人，每位主持人既可以分享本园的孵化成果与经验，也可以抛出自己的困惑和迷茫，寻求同伴的帮助。总之，联席研讨是一种同行互助、共同前行的团体研修方式。

（六）考核护航

为了激发幼儿园不断提升保教质量，考核指标的设定非常重要。2017年11月浙江省教育厅颁布《指导意见》后，幼儿园课程改革成为学前教育改革的重点工作。为凸显课程改革的重要性，在2018—2020年《西湖区幼儿园年度绩效考核方案》的"幼儿园内涵发展"中"课程改革"占了很大的份额，12A中关于课程孵化方案、实施举措、成效和评价的指标就占了4A，足以说明课程改革在幼儿园内涵发展中的重要性。2020年度西湖区幼儿园绩效考核指标节选如下：

项目	一级指标	二级指标	考评内容	考评细则	考评依据
内涵发展质量提升（12A）	课程改革（4A）	35 方案编制	根据浙江省教育厅《指导意见》，整体设计和编制完善园本化课程实施方案；课程理念明晰、科学适宜；结合园情分析，就课程背景与条件、目标、内容、实施、评价、管理与保障等做出清晰、合理、具操作性的阐述；用图表方式呈现课程结构的整体架构，逻辑清晰。	四项全部达到为A等，完成三项为B等，完成两项为C等，完成一项为D等。	查看课程园本化实施管理平台上各幼儿园的课程方案。
		36 内容建设	积极挖掘和梳理园内外课程资源，丰富环境材料，体现幼儿当下学习与探究的轨迹，有幼儿个性化展示的机会，并形成多种形式的园本资源库；对使用的教师指导用书等课程资源进行园本化改编，定期积累、优化、更新；对园本开发的生成性主题、项目活动等进行审议并整理记录；课程资源的开发充分体现年龄、文化、个体的适宜性。	四项全部达到为A等，完成三项为B等，完成两项为C等，完成一项为D等。	查看课程园本化实施管理平台上的园本课程资源库；区级推介资源为依据，结合数量、质量进行考核。
		37 实施优化	优化幼儿一日生活作息和各类活动过程，在生活、游戏、运动等各类活动中积极创新；充分挖掘节日活动、仪式活动、春秋游、运动会等常规项目的教育价值，体现办园理念、促进儿童发展；积极探索分组和个别化学习，创造条件让幼儿体验和探究，优化学习过程；教师保持对儿童的关注和理解，善于观察、倾听、谈话，营造有积极应答的支持性课程环境。	四项全部达到为A等，完成三项为B等，完成两项为C等，完成一项为D等。	根据过程性资料和期末幼儿园提供的佐证材料。

续表

项目	一级指标	二级指标	考评内容	考评细则	考评依据
内涵发展质量提升（12A）	课程改革（4A）	38评价改革	开展嵌入在课程实施全过程中的形成性评价，建立有特定频次的常态课程审议、反馈机制；建立多主体参与的评价机制，引导全员从不同视角开展反思性评价，推动课程质量可持续提升；有与课程目标相对应的园本化评估内容和评价方式；发挥评价的激励作用，提升教师课程意识、理解、运作和创生能力。	四项全部达到为A等，完成三项为B等，完成两项为C等，完成一项为D等。	根据过程性资料和幼儿园提供的佐证材料。

考核难、评价难一直是教育人的难题，但又不得不面对，因为考核评价起着指引和定向的作用。关键是要制定好考核评价的体系和标准，去引导教育努力的方向。年度绩效考核将园本课程方案，课程实施路径、成效和评价纳入考核评价指标中，足以说明课程改革的重要性，以此引导幼儿园认真做好课程建设，为孩子建构更加适宜的课程。

二、"双轮驱动"的外部推进机制

西湖区有着得天独厚的区位优势，既是省委省政府所在地，又是大专院校林立的文教区。区域内既有浙江师范大学杭州幼儿师范学院、杭州师范大学、浙江大学，又有省市教科研所，专家资源丰富。这些年，得到了省市教科研机构和大专院校领导、专家的支持和帮助，优质的外部资源成为区域课程孵化的智囊团。

（一）高校进修

2017年，西湖区教育局和杭州师范大学教育学院携手，借力高校资源启动了"西湖区卓越园长课程领导力研修项目"，希望依托专家和平台资源，使园长在课程建设能力上再上一个台阶。区内30位园长参加了该项目。除了杭州师范大学本院专家教授外，还邀请了省内外的幼教专家进行深度指导。经过两年的培训，园长们收获颇丰。

培训感悟1："六颗幸福种子"到"七颗幸福种子"的拓展

2018年暑期，聆听了华东师范大学袁振国教授《发展素质教育的新指引》的报告后，"发展"这个关键词在我的心里激起了涟漪。从原来"实施"素质教育到当下"发展"素质教育，虽然只改了一个关键词，但教育的内涵发生了很大变化。最重要的是教育从发展认知能力向社会情感能力拓展，以应对变化莫测的未来，提升儿童的幸福感与成就动机，创造更美好的生活。在此基础上再来反思，文苑的"六颗幸福种子"虽然涵盖了社会情感能力，但唯独少了思想开放中的好奇与创造。于是，在2018年9月我们将"六颗幸福种子"变成了"七颗幸福种子"。正因为多了这颗"好奇"种子，文苑幼儿园的幸福种子课程从原来偏向社会领域课程走向了完整课程。

（文一街幼儿园园长　马晓芽）

培训感悟2：专家一席话为"学会选择"找到了理论支撑

两年"园长课程领导力提升培训班"的学习收获丰厚，尤其是孙莉莉博士直观形象地解读"课程、园本课程和特色课程"的关系，让我顿悟，第一次全面了解了"项目活动"，真正明白"什么是从孩子的角度去实践属于孩子、属于幼儿园特质的课程"，更坚定了对"学会选择"园本课程的定位。黄小莲教授用严谨的学术思维帮我们厘清了园本课程方案纲要，规范了课程架构，为名苑"学会选择"课程提供了"人与自我、与他人、与社会、与自然、与工具"的理论支撑，解决了课程实践操作中的困惑和难题。

（名苑学前教育集团总园长　戴翎）

培训感悟3：不再为"课程创生"和"课程园本化实施"而纠结

"园长课程领导力提升培训班"对我而言是一种成长，对幼儿园而言是一种支持和推动。百家园是一所新园，我们对"园本课程"建设一直很迷茫。而王春燕教授的讲座《幼儿园园本课程建设方案》，就如同迷途中的一盏灯，点亮了我们前进的方向。让我们不再纠结于一定要创生课程，而是将重心放在如何将审定课程通过审议转化、落地为适合我园的课程，努力提升我园教师课程的执行力。聆听了李克建教授关于课程评价的讲座后，我们开始关注过程性课程审议、关注课程执行的评价，力求让审议与评价伴随课程的全过程。这些改变，让我园园本课程建设更"园本化"，更适合孩子和老师。

（百家园路幼儿园园长　叶茵茵）

培训感悟4："莲花港范式"的内涵丰富与外延拓展

"园长课程领导力提升培训班"为我园提供了一个机会。2017年5月台湾政治大学幼儿教育研究所简楚瑛教授来到莲花港幼儿园，帮助我们厘清了"莲花港范式"的内涵与外延，即既有"蒙氏"特质，又有"本土化"特色；既保留蒙氏注重幼儿学习品质的传统优势，又达成了传统幼儿园教育的学习要求。只有这样，才能形成本土视野下适合幼儿园实际操作的模式。

（西湖区莲花港学前教育集团总园长　须晶晶）

培训感悟5：寻找与儿童之间的联结

很荣幸参加过几次周菁博士的工作坊活动，周老师以有趣的互动游戏、睿智的互动对话帮助我们一步又一步地发现儿童、发现自己、发现学习故事存在的意义。感触最深的便是：发现之旅，首先要从自己开始。要常常问自己："为什么要这样做？这样做与儿童的学习之间有什么联结？我又能做些什么努力和改变与儿童建立信任的关系？"要善于观察与捕捉更多儿童身上的"哇时刻"，在联结自我、联结儿童的同时，我们也需要反思自己是否一直还在那个舒适区。与周菁老师的对话，让我实实在在地体验到了看见的幸福、被看见的感动，无形中也激励着我用同理心更靠近儿童，看到儿童与其行为的内在联结。

（文苑幼儿园副园长　袁一萍）

培训感悟6：不出国门也能与国际幼教专家深度对话

参加"儿童的一百种表达"国际交流工作坊，虽然没走出国门，但美国洛杉矶枝桠艺术幼儿园的教育理念和行动给我留下了深刻的印象。枝桠艺术幼儿园副园长克里斯蒂娜·比安奇（Christina Bianchi）图文并茂地介绍了她们通过材料促进和深化儿童的学习，孩子们使用自然物来表达自己的思想和理论；活动中教师特别注重"激发"孩子以自己的方式、速度，循序渐进地利用自然简单物进行学习，教师的任务是为孩子准备环境、材料、空间和时间，真正追随孩子的兴趣和需求，值得我们细细品鉴，很感谢有这样的国际交流机会。

（小和山学前教育集团　高敏）

西湖区高校林立，专家云集，确实是近水楼台先得月。抓住了这近水楼台的优势才能借力发展。这几年西湖区学前教育发展得益于高校的大力支持，高校资源成为我们课程孵化行动的后援。

（二）名园跟岗

西湖区教育局为了让园长和老师们开阔眼界，由学前教育指导中心策划，采用"引进来、走出去"的方式，为幼儿园和老师们搭建学习平台。首先，为大家创造很多走出西湖区，到学前教育发达地区的幼儿园汲取优秀经验的机会。2019年4月，组织第一批课程孵化园15位园长赴北京中华女子学院附属实验幼儿园（花草园），进行为期3天的浸润式跟岗学习，近距离体验和感知花草园幼儿园的课程实践。业务园长、第二批孵化园园长和协同教研员走进浙江省级机关滨江幼儿园、绍兴柯桥区中心幼儿园和东阳市第二实验幼儿园，开展园本课程的双城交流。在对比和反思中开阔视野。其次，组织骨干教师参加"中美名园理论与实践交流活动"，邀请将新西兰学习故事引入国内的周菁博士与协同教研员开展工作坊。在与美国课程专家和周菁博士的深度对话与碰撞中拓宽视野，引发思考。在跟岗学习的过程中，园长们感悟颇多。

跟岗感悟1：做回归儿童的教育

在西湖区学前教育指导中心的组织下，有幸前往北京中华女子学院附属实验幼儿园跟岗学习。幼儿园大厅里"成为我自己，我们在一起，按自己的节奏呼吸与思考"的办园理念给我留下非常深的印象。在3天浸润式跟岗学习中，感受到花草园"生活化"课程强调回归与还原儿童本真生活的办园理念，以及在日常活动中处处体现出的对儿童行为的理解、对儿童需要的尊重、对儿童情感的满足和对儿童充分的崇拜。无论是师生共同安排的自由自主的一日活动，还是随处可见的促进和体现孩子学习思考的环境，都充分体现了这样的理念。我想：幼儿园课程的实施，就是要理解和尊重儿童的想法和需要，提供充分自主自由的学习环境，要看到孩子的力量并给予充分的信任和支持，做回归儿童的教育。

（三墩中心幼儿园园长　杨惠琴）

跟岗感悟2："柯桥经验"与"西溪棒伢儿"的联结

我有幸参加了柯桥区中心幼儿园跟岗学习，这真是一场幸福的追寻之旅。处处洋溢着孩童味道的园所环境给我留下了深深的印象。专业丰富的儿童学习中心、多元灵动的户外挑战场地、大气开放的院落游戏大厅，处处散发着幸福的味道。孩子们专注地在小树林和绕幼儿园半周的生态绿地园工作、在木工建构区合作搭建帐篷、在泥潭乐园里克服重重困难为找到心仪的宝贝而手舞足蹈等。如此自然、生动、幸福的画面深深地打动了我，也为我园"西溪棒伢儿"园本课程中"悠悠鱼塘节"再孵化带来了更多的启发和灵感。

（蒋村幼儿园园长　杨佳）

跟岗感悟3：管理智慧让"简单"的园所变得不简单

东阳市第二实验幼儿园的跟岗学习，让我感受到这里的每个墙面都被赋予生动的色彩，每个角落都呈现出团队的教育智慧，赞叹这群心里、眼里、行动中都为了儿童发展而不断努力的年轻老师。更让人感动的是这里随处散发的管理智慧。园所装修非常简单，没有高大上的硬件，但无处不体现出精细化管理，是孩子们自己打造的、充满儿童感觉的乐园。从轮胎摇椅到玻璃房子、从汽车书屋到动物王国等鲜活的教育，让这所幼儿园变得意义非凡。

（龙坞幼儿园园长　赵娜）

跟岗感悟4：充满爱的"一米世界"　品不完的儿童味道

有幸跟随西湖区业务管理能力提升班的大部队，走进"一米国"，让我充分感受到品不完的儿童味道：爱是给孩子留足时间与空间，爱是尽可能还孩子原始与自然。"一米国"清新雅致的装修底色是为了映衬孩子的多彩世界，全玻璃的四壁结构是为了让孩子可以在室内看到外面游戏的伙伴，用心设计的器械玩具更是给足了孩子求知创造的空间。在独立又开放，像家一般的环境里，没有对孩子过度保护的塑胶与海绵，有的是充满生机的青草地与充满挑战的活动场。在那里，孩子们带着12件三大类玩耍清单，可以充分获得体验带给他们的快乐。"一米国"世界里的孩子，用他们的智慧掌控着专属于他们的、好玩又有趣的课程环境。

（袁浦幼儿园副园长　黄芳）

他山之石，可以攻玉。当园长和老师们有更多机会外出跟岗学习，他们的视野拓宽了，思考力和鉴赏能力也提高了。学习姐妹园优秀的经验，反思自己园的课程孵化实践，可以产生新的想法，为接下来的课程探索赋能。

（三）平台开发

现代社会信息量越来越大，传递信息的速度越来越快，人们获取信息的途径也越来越多，通常会通过网络、媒体、各种信息平台来获得信息。为了满足当下家长和教师获取信息的需要，为了区域层面能快速了解各园课程改革过程中的鲜活案例和经验、促进园际之间的交流共享，2018年3月西湖区学前教育指导中心与科技公司合作，共同研发了"西湖区园本课程建设资源平台"。科技公司看中的是西湖区幼儿园课程孵化过程中有深度、有生命力的课程故事和区域研修的影响力，指导中心需要专业人员根据我们的设想设计一个区级层面课程管理的平台，以便随时了解各园的课程实施过程与成效，实现过程性管理与动态追踪。同时，及时发现幼儿园在课程孵化过程中碰到的困惑，并给予指导和帮助。通过平台也可以及时发现经典的案例，提供给区内教师分享学习，梳理并积累西湖区幼儿园课程改革的经验，形成资源整合和成果汇聚。

（四）媒体推送

西湖区每年两届的"我是儿童研究者"大型研训活动和每年一次的西湖区教育系统学术节的"西湖发布"，及时向学前教育界发布西湖学前教育的研究成果和改革动向，扩展西湖学前教育的专业影响力。

同时依托区域学前教育研究杂志《西湖儿童研究》和微信公众号"西湖儿童研究"分享西湖区园本课程孵化的研究成果，传递西湖幼教人的专业视角和专业自信。

《西湖儿童研究》杂志

"西湖儿童研究"微信公众号诞生于2015年1月18日，由区教研员沈颖洁老师创办并管理，主要传递西湖区幼儿园教师在"追随儿童、发现儿童"

过程中的研修历程，反映教师与儿童之间发生的真实故事，呈现西湖幼教人在教学实践、课程改革过程中的精彩瞬间和感悟思考，以清新灵动的风格表达西湖幼教人"发现儿童"的精彩片段，以温暖细致的视角传递西湖幼教人的专业情怀。有"新闻速递、智慧共享、研修现场、西湖佳园"等栏目，目前已经推送了文章600余篇，其中关于课程孵化的推文有200多篇。目前关注公众号的用户遍布全国34个省级行政区，57.3%来自浙江省外，有15万多名用户，有效地宣传了西湖幼教改革与发展的动态，展示西湖幼教人的研究视角与精神面貌。尤其是在2020年新冠肺炎疫情蔓延宅家期间，"西湖儿童研究"微信公众号发挥了非常大的专业引领作用。2020年2月13日发布的《西湖区幼儿园关于"疫情过后，我们做什么"网络主题审议研修指南》在短短几天之内获得7W＋的阅读量，并被"早期教育""幼师口袋"等公众号全文转发。

"西湖儿童研究"微信公众号

（五）外包评价

随着课改行动的进一步深入，我们越来越意识到评价对于推进区域课改的重要性，评价对促进儿童发展起着衡量、监管与调控的作用。而目前西湖区幼儿园大多采用学习故事、故事白描等过程性描述的定性评价，评价结果模糊笼统，弹性较大，难以精准有效地促进幼儿园课程建设。仅靠幼儿园团队力量和区域对课程评价进行指导难以达到理想的效果。因此，需要借助外力引领幼儿园将数据化、精准化的定量评价与定性评价有机结合。

我们力图寻找一个专业的课程评价团队，对区域课程孵化的实施成效进行专业性评估，梳理课程实施过程中的经验，同时发现存在的一些问题与可提升的空间，以此达到整体抬升区域学前教育课改质量的目的。为此，西湖区学前教育指导中心在教育局分管领导黄志元副局长的总体部署下，与浙江师范大学签订合作协议，借力李克建教授的专业团队，对10所课程孵化园进行园本课程实施的质量评估，帮助第一和第二批孵化园提炼和梳理课程孵化的经验，发现存在的问题，明确下一轮课程实践的方向，帮助幼儿园厘清课程实施方向、路径，使幼儿园园本课程走向适宜。

2020年9—11月，李克建教授带领专业的评估团队，进入10所课程孵化园。在浙江师范大学杭州幼儿师范学院与杭州市西湖区教育局的合作框架下，评估项目组于2020年11月初，采用《走向优质——中国幼儿园教育质量评价标准》《课堂评估计分系统（学前版）》、皮博迪图片词汇测验（修订版—甲式）（PPVT-R）、研究型早期数学评估—短版（REMA-SF）、《情感与社会性个别测试》以及《幼儿读写能力测试》等测评工具，对西湖区10所幼儿园的教育质量和儿童发展质量进行测评。评估项目组通过科学、多元化的分析，形成了《2020年杭州市西湖区幼儿园教育质量评估报告》。

园本课程是促进儿童发展的重要手段，是提升学前教育质量的重要载体。在课程孵化行动的区域推进机制作用下，西湖区的课改行动已呈现出弥漫着儿童味道的西湖样态。

第二章

内在生长的力量
——建构园本课程

第一节　园本课程所需的环境与资源

资源，是幼儿园课程由构想变成现实的条件保障。一所幼儿园的园本课程孕育、生长往往有赖于这所幼儿园所处的环境与周边资源。我们认为课程资源是课程设计、编制、实施、评价等整个课程开发过程中可利用的一切人力、物力和自然环境的总和。

幼儿教育倡导的是以儿童为中心、尊重幼儿生活的教育，"一日生活皆课程"，幼儿园的课程自然也离不开孩子生活的方方面面。所以，我们的课程资源观也应该着眼于儿童生活的方方面面。

一、环境、资源和园本课程互生共长

环境对于幼儿成长具有非常重要的价值和意义。同样，由于幼儿教育的特殊性，幼儿园的园本课程也与幼儿生活的环境及周边资源互生共长着。

（一）园本课程应来源于儿童的生活和经验

儿童在课程中的主体性地位决定了园本课程应来源于儿童的生活和经验。儿童的生活包括生活环境和生活故事两方面的内容。陶行知先生在美国著名教育家约翰·杜威的"教育即生活""学校即社会"理论基础上，根据中国实际提出了"生活即教育"的理论，强调生活与教育的一致性，突出"生活教育"的意义。他认为"整个的社会是生活的场所，亦即教育之场所"。陶行知先生所倡导的"生活教育"对现今的教育改革仍具有重大理论价值和现实意义。

因此，在幼儿园园本课程的实践与构建过程中，我们必须关注到儿童的生活。此外，幼儿园所处的环境与资源也为幼儿园的园本课程提供了丰富的教学可能性。

（二）不同的环境与资源造就不同的园本课程

各所幼儿园所处的地理位置、周边的自然资源和人群资源均不同，这使幼儿园凸显出各自的园所气质。美国心理学家阿尔伯特·班杜拉认为，幼儿社会行为的习得主要通过观察、模仿现实生活中重要人物的行为来完成。观察学习的过程是在个体、环境和行为三者相互作用下产生的。幼儿园的园本课程的发展需要考虑到本园儿童的发展需求、考虑到本园教师的群体特质、考虑到园所的已有资源和优势等因素，绝不是"一刀切"式的雷同发展或简单的"拿来主义"。

由此，课程基于园所实际园本化的过程也让我们感受到，不同的环境资源造就了不同的园本课程。

（三）园本课程造就独具特色的教育环境

《指南》指出："要珍视游戏和生活的独特价值，创设丰富的教育环境，合理安排一日生活，最大限度地支持和满足幼儿通过直接感知、实际操作和亲身体验获取经验的需要……"意大利著名幼儿教育家蒙台梭利认为：儿童具有内在的学习驱动力，以及对周围环境的强烈学习与吸收能力，在这种发自内心的内在驱动力影响下，儿童不断地探索环境，获取经验、喜悦与成就感，并形成自信、积极、独立、主动的正向性格特质。为此，蒙台梭利提出应为儿童提供一个"有准备的环境"。这个环境是指一个能够包含孩子成长所需要的心理、文化、社会、精神等各方面的环境。

由此，我们可以看出幼儿园的课程不仅仅要关注幼儿的生活环境，同时也要根据幼儿的年龄特点和学习特点，创设丰富的教育环境，使幼儿的一日生活合理、有意义。当然，不同的园本课程的实践过程也造就了园所独具特色的教育环境。

二、园本课程中环境、资源的盘点与分析

如何将现有的环境、资源转化为课程资源？如何让资源与儿童发生关系？这是课改实践者迫切需要解决的问题。通过西湖区幼儿园的课程孵化行动，我们收获了一些园本课程中盘点分析环境和资源的方法与策略。

（一）以幼儿为中心的四类核心资源

在《构建21世纪的中国幼儿园课程 —— 幼儿主体性发展课程思考》一文中，冯晓霞教授认为：未来社会的理想新人应具有高度的主体性品质。在对幼儿主体性发展课程的构想中，她提出所谓的"主体性"是指人在优美、和谐地处理人与自然（自然环境、物质世界）、人与社会（他人、集体、社会环境）、人与自我（自己的活动、目的、行为）三种关系的活动中所表现出来的"主体"品质，即积极主动性、独立自主性、社会适应性和创造性。我们以幼儿为资源出发点，将课程资源分为四大类核心资源，即"人的资源""自然资源""社区资源"和"建筑资源"。（如下图）

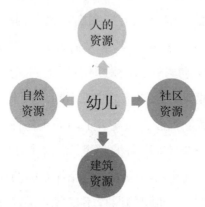

以幼儿为中心的四类核心资源

1. 人的资源

虞永平教授指出：课程建设是幼儿园所有人的工作，除了骨干教师和园长，幼儿园所有工作人员都是课程建设的参与者。当我们的课程以幼儿为

中心，那么，日常与之发生接触与联系的人都将成为课程的资源，其中幼儿园教师群体、同伴群体、家长群体及周边社区人群都是园本课程中不可或缺的资源。

一个人的真实生活是什么样子，取决于他置身于一种什么样的生活形态中。人与人之间的关系影响着每个人的生活形态，家庭成员的状态与成员间的关系影响着幼儿的生活形态。而在幼儿园的集体生活中，教师和同伴是影响幼儿社会化进程和质量的两个最为活跃的教育因素。

因此，在园本课程开发与实践的过程中，我们必须重视人的资源的开发和利用。作为管理者，要努力激发与幼儿发生关系的每个人的课程主体意识，积极鼓励、支持他们参与到园本课程建设中来。帮助每个人找到自己在园本课程建设中的"生态位"，成为课程建设的重要力量。

2. 自然资源

幼儿园内和幼儿园周边的自然环境都是幼儿园开发园本课程的基础资源。

"自然"是我们生活中常用的概念，也是幼儿教育中经常出现的概念。在幼儿园的课程建设中，我们将"自然"定义为与人相区别的自然界的事物和现象，乃至包括动植物在内的人类生活于其中的自然物质世界。"自然环境"通常意义上指的是人周遭的一切自然因素的总和，是相对于内部自然、社会环境而言的"外部自然"。刘晓东教授曾清晰地论述过"儿童是自然之子"，人是自然的一部分，最为显见的就是儿童身上的自然性，童年是自然的一种表达。《失去山林的孩子》这一著作中引用了非常多的研究成果，揭示了自然环境与儿童的感觉、注意力、运动能力、情绪调适能力、创造力等方面的关系，证明自然对儿童的身体与心灵具有一种"滋养"的价值。自然具有的真、善、美的价值内涵，是鲜活和适宜的"教材"，它们低成本又高质量，而且往往生生不息。物质的变化与留存、生命的萌动与死亡，任何一个环节都可以带来有益的经验。当自然存在于教育场景中时，它就具有了被用来实现明确的教育目的的可能性。

因此，在幼儿园的课程建设中，应积极利用自然资源促进儿童的成长发展。

3. 社区资源

社区资源指的是幼儿园所在社区的社会性场所及相关的社会文化生活活动。

非洲有一句谚语：养育一个孩子需举全村之力。这句话充分表明了如果单纯把养育孩子归为父母的责任，或者单纯把对孩子的教育责任推给老师都是不合理的。殊不知，哪怕是一个陌生人，他的一言一行也可能会对小孩造成影响，甚至影响到小孩的未来。家庭不是孤岛，世界是个地球村。孩子们在这个世界上的所闻、所见、所感、所学将会影响他们的人生，而养育孩子不仅事关一个家庭，更与社会、国家之未来息息相关。一方面，在幼儿教育的过程中，教育者需要具有宝贵的伦理意识，遵循人类求真、向善以及审美方面的价值追求，以此来判断和取舍幼儿教育内容，让儿童的成长符合社会的期待。另一方面，幼儿园所处的社区环境是幼儿教育不可剥离的教育底色，幼儿园有责任也有义务根据社会对教育的期待及儿童健康成长的需求建立良好的教育"生态场"。

因此，社区资源是幼儿园课程建设过程中必须考虑到的一个重要因素。

4. 建筑资源

建筑资源指的是幼儿园建筑的内、外空间与幼儿园户外的庭院空间等整个环境空间。

现代幼儿园教育环境设计中，人们越来越关注到"理念""建筑""室内""景观""平面"这些关键词对于幼儿园教育活动的影响。幼儿园的环境空间既需要考虑使用价值，也不能忽视它的审美价值，因为其是幼儿园课程活动实施的场所、课程文化氛围彰显的重要载体。随着建筑技术、建筑材料、教育理论和经济基础的改善，幼儿园的环境空间变得日趋复杂、功能更为完善，并被赋予更多的教育意蕴与文化内涵，对师生的教育教学生活、幼儿园教育质量的改善和品牌影响力的扩大产生系统、积极的影响。

在实际的生活中，因各幼儿园的实际情况不同，导致各幼儿园的占地面积、建筑风格、建筑空间格局等各不相同，且各自具有特点。这些差异和特点往往影响或造就了不同的幼儿园教育活动。因此，在幼儿园园本课程设计与实践的过程中，我们必须考虑到幼儿园的建筑资源。

（二）基于幼儿生活的三条资源盘点线索

一所幼儿园涉及的资源非常多，包括幼儿园的班级配置、人员情况；幼儿园所在区域的自然资源、社区资源；幼儿园的文化、幼儿园的家长群体；等等。课程环境与资源包含与孩子生活息息相关的物质资源和文化资源。那么，如何盘点这些资源为幼儿园课程建设所用呢？接下来，我们分别以"空间""时间"和"人群"为线索（见下图），对幼儿园所在环境与资源进行盘点。

基于幼儿生活的三条资源盘点线索

1. 以空间为线索的课程资源盘点与利用

以幼儿园为中心，采用鸟瞰的方式对幼儿园的内部资源或周边外部资源进行盘点。画一画资源盘点图，与幼儿园课程开发团队成员一起针对这些资源进行分析。

（1）幼儿园内部资源盘点

分析幼儿园的实际情况与特点，对幼儿园室内、室外的资源情况进行

盘点，画出资源盘点图。（见下图）

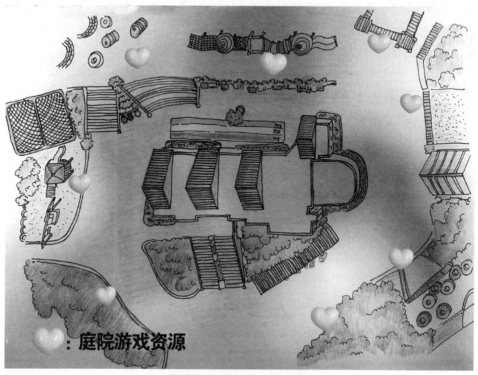

：庭院游戏资源

留下幼儿园园内资源鸟瞰图

案例 2-1-1　　　　　　　　　**坡坡多、乐趣多**

留下幼儿园中心园区具有户外场地大、自然植物多的优势。老师们一致认为要好好利用幼儿园的户外场地开发幼儿园的园本课程，但是如何入手呢？大家一时没了方向。通过盘点园区户外场地的资源，大家发现幼儿园整个户外呈环形，地势南高北低，园区的户外场地斜坡多。大家通过实际探测发现天然斜坡有八处，分别为最长的坡、最陡的坡、最宽的坡等等，于是，一个利用户外场地、以野趣为教育活动的园本课程由此酝酿起来。

（2）幼儿园外部资源盘点

幼儿园外部资源盘点，是以幼儿园为中心，对周边300米内物质资源进

行盘点，可以借助地图软件辅助盘点。(见下图)

留下幼儿园周边资源盘点图

案例 2-1-2 　　　　　　园外资源知多少

留下幼儿园对"野趣课程"的园本课程进行开发与实践。这让留下幼儿园
东穆坞园区的老师在一开始就犯了难。这是一个由村办幼儿园发展而来的、
只有4个班的小园区。园区占地面积只有900多平方米，运动场地不到500平
方米，园区除了3棵桂花树和2棵矮灌木就没有更多的自然资源了，这样的条

件怎么开展野趣课程的实践呢？带着困惑，大家把视线投向园外，对东穆坞园区外的自然资源进行了盘点。大家发现园区就在茶山脚下，距离园区二十几分钟路程处就有竹林、小溪等自然资源，还有已经整修一新的游步道，这些资源就在园区周边，而且不用走大马路就能到达，也减少了许多安全顾虑。有了这些资源，大家一致决定要把野趣课程的课堂搬到园外。将幼儿园周边的茶园、竹林、小溪和游步道打造成四个"野趣秘密基地"，作为园区开展"野趣课程"的主要活动场所。

2. 以时间为线索的课程资源盘点与利用

在课程资源的盘点中，也可以以时间为线索展开盘点。教师可以以一年为时间轴，结合春夏秋冬四个季节展开资源盘点，思考如何将其用于园本课程的开发与实践中。（见下图）

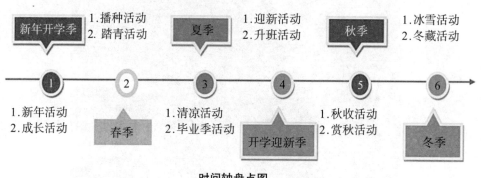

时间轴盘点图

案例 2-1-3　　　　　**西溪伢儿的欢乐四季**

西湖区蒋村花园幼儿园是一个毗邻西溪湿地的幼儿园，幼儿园里的孩子基本上都是原来蒋村水乡农民的孩子。蒋村花园幼儿园依托西溪湿地的资源，以时间为线索、四季为单元展开资源盘点，确定了"春天美美花朝节""夏天棒棒龙舟节""秋天红红火柿节""冬天香香糕团节"等课程活动，让孩子体验到春天百花齐放的美丽、夏天玩水划龙舟的畅快、秋天果实丰收的喜悦和冬天自制食物冬藏的乐趣。以一年时间作为课程的一个循环圈,一年一年地循环开启课程活动,将幼儿园的园本课程扎扎实实地推进深入。

3. 以人群为线索的课程资源盘点与利用

以幼儿为中心点,将幼儿日常生活中接触到的各类人按群体进行分类,对教职工群体、同伴群体、家长群体等进行资源分析与利用。(见表2-1)

表2-1 人群资源盘点

	进一步细分	亲密度情况	资源优势
教职工群体	教师	强	专业性强、可充分利用
	其他工作人员	一般	专业性强、可充分利用
同伴群体	同班幼儿	强	互动多、可充分利用
	其他班幼儿	一般	混龄性、可充分利用
家长群体	父母	强	角色优势、资源维度广
	其他亲人	强	亲密度高、资源维度广
社工群体	助教志愿者	一般	专业优势、新鲜感
	社交互动者	一般	专业优势、特定场所

案例 2-1-4　　　　　　**爱是有爸爸在身边**

西湖区文苑幼儿园在课程开发与实践过程中非常注重对人的资源的利用。文苑幼儿园的老师认为:人在社交关系的发展上有两个方向,一是亲密性,二是独立性。在培养孩子的亲密性方面,母亲具有天然的优势;在培养孩子的独立性方面,父亲具有天然的优势。父亲的一言一行都会对孩子的方方面面产生深远的影响。父亲的参与陪伴,能更好地激发孩子对外界的好奇心与求知欲,而成功的探索经验又能够培养孩子的自信心,从而增强对陌生环境的适应能力。对于男孩来说,父亲是他的典范,男孩从父亲那里模仿学习

"男子汉气概";对女孩来讲,父亲是第一个引导女儿认识男性社会的男人,且女孩也从父亲那里学习与异性交往的经验。在分析盘点了爸爸群体的育儿优势与教育价值后,文苑幼儿园以"父亲"人群为课程资源,开发了一系列的课程活动。如"大脚爸爸"为老爸和孩子量身定制亲子运动游戏,拉近爸爸和孩子之间的距离,增进父子之间的交流,提升亲密度。利用周末时间,每月组织开展的"老爸俱乐部"活动,让爸爸带着孩子开展走进博物馆、毅行、探访杭州名胜古迹等活动。这样的活动充分利用了爸爸群体的特质和育儿优势,为促进孩子的健康成长打好基础。

(三)基于儿童成长的资源利用

在园本课程开发与实践的过程中,对课程资源进行盘点只是第一步,更重要的是幼儿园还要结合幼儿的成长需要,深入发现和挖掘资源价值,实现资源的课程化。根据《指南》的精神,以完整学习为视角,积极利用课程资源帮助儿童建立物我关系,达到资源优势与个体发展需要和兴趣的平衡,实现资源在幼儿成长过程中显性和隐性的价值。

1. 让儿童回归自然

在园本课程的开发与实践过程中,幼儿教育工作者越来越意识到自然教育对于儿童成长的价值与意义。特别是随着城市化进程的不断扩大,"自然缺失症"带给儿童各种各样的不利影响,促使各地幼教机构纷纷开展让孩子走进自然的教育活动,给予儿童在丰富的自然环境中充分活动的机会。无论是花草带来的愉悦、河流引发的幻想,还是虫兽带来的惊奇,都会给儿童带来精神世界的充实和丰盈。因此,教育者要尽可能地将儿童生活中的事物、现象与可能建构的价值取向联系起来,让环境、资源、各类教育活动都围绕着这可能的价值进行组织建构,形成课程体系的搭建空间。

案例 2-1-5　　　　　　　**幼儿园"搬"到野外了**

　　留下幼儿园东穆坞园区的野趣秘密基地活动越来越受到小朋友的欢迎。但对于每一次都是带上物品徒步去野趣秘密基地，活动半天就回园，孩子们觉得时间太短，不过瘾。于是，他们就向老师提出："我们能不能在那里待上一天？"老师惊讶于孩子们的想法，就反问孩子："你们想在外面待上一天，那这一天的吃喝拉撒睡怎么安排呢？"小朋友根据幼儿园的一日作息安排了在野外一天的活动，然后开始甄选场地、学习搭帐篷、准备食物等准备工作。经过四天的准备，孩子们终于实现了自己的愿望：把幼儿园"搬"到了野外。这一天里，孩子们搭建帐篷和厕所，捉昆虫、采集野菜、观察树皮，还像在幼儿园里那样进行午睡和玩游戏。开心的野外生活带给孩子们前所未有的乐趣，这样的"野外幼儿园"得到了孩子和家长的一致好评。

2.让儿童成为社会人

　　走进幼儿园的过程就是孩子不断走进社会、逐渐具备社会属性的过程。在幼儿园的课程活动中，要利用好周边的社会公共资源，让孩子熟悉社会中的各个场所，了解其社会功能，促进幼儿的社会化发展。

案例 2-1-6　　　　　　　**环卫站的冷热变迁**

　　在文新幼儿园门口有个环卫所，路过其门口总会有一股异味飘出，特别是夏季的时候，异味更为明显，大家都是捂着口鼻快速通过。环卫所在文新幼儿园老师的眼里是一直不被待见的，幼儿园领导也曾经和有关部门沟通，希望环卫所能搬迁到别处，减少对幼儿园日常生活的影响。然而，在孩子们的交流中却传来了这样的声音："我看到里面的车很有趣，会自动升降。""我们的垃圾到了环卫所后，又去了哪里？""环卫所里的叔叔阿姨都在干些什么？"……孩子们的对话让文新幼儿园的老师发现，环卫所对孩子们而言是开展新的探索和发现的地点，那里蕴含着很多的小秘密。老师们领悟到：对于资源，成人与儿童的理解有所不同。成人会觉得有用的才是资源，而儿童的概念里并没有"有用"一词，在他们眼里好玩的、新奇的、有趣的、有意思的，甚至一些不那么美丽的事物都是他们感兴趣的、想探究的事物。于是，在幼儿园开发"小公民课程"过程中，老师们尝试换个角度，把环卫所也作为课程的一个资源进行开发和利用。老师带着孩子们走进环卫所，去看一看环卫所、去采访环卫所工人、去询问自己好奇的问题。看到孩子们乐此不疲，大家由衷地感受到：儿童对待身边的人、事、物有着自己的视角。有了这样的经验支持，在课程推进的过程中，我们坚持站在儿童视角看待资源、挖掘内容，构建其感性的生活经验。

3. 让儿童成为具有审美情趣的人

在儿童成长的过程中，积极利用资源对幼儿开展艺术教育活动，从小培养孩子感受美、欣赏美、表达美的能力，让儿童成为具有审美情趣的人。

 案例 2-1-7　　　　　　　萌艺娃诞生

西湖区转塘幼儿园与中国美院象山校区北门直线距离不到300米，到浙江音乐学院北区步行仅需8分钟，到入驻众多创意工作室的凤凰创意园区只需10分钟，还有极具艺术慢生活气息的象山艺术公社，也是近在咫尺……转塘幼儿园通过顶层设计，对周边资源进行有效整理，归纳出"一库两类"的可利用资源，并将这些幼儿生活周边的艺术资源融入幼儿园的艺术课程中，设计了"小步萌艺课程"。课程通过浸润艺术之美到积极创设艺术环境，都给予幼儿感性的情感体验，让幼儿在体验的过程中逐步萌发学习、模仿、表现、创造的欲望。幼儿在观摩中激发艺术创作灵感，体验审美乐趣，萌发艺术创作的热情。

三、园本课程中环境、资源的整合与改造

基于园本课程，对环境与资源进行改造或整合，这是将环境打造成课程

化环境的过程。在园本课程实施的过程中，教师要有意识地创设课程化的环境，引发和支持幼儿的学习兴趣，挖掘环境的教育价值，让环境激发幼儿与同伴之间的互动，让孩子们自己去发现环境，去享受环境，在课程化的环境中主动学习与成长。那么，如何基于园本课程的需要改造与丰富环境资源？结合西湖区幼儿园课程孵化的实践行动，我们分享以下几点策略。

（一）基于不同园区资源的课程共享

不同的园区具有不同的环境与资源。在园本课程的开发与实践过程中，基于园本课程的需要，可以将同一幼儿园不同园区或就近不同幼儿园的课程资源打通共享，让环境资源大大扩展，更有教育意义。

案例 2-1-8　　　　　　　　小香猪出嫁了

西湖区紫荆幼儿园的紫荆园区最近有了"园宠"——小香猪，在小香猪来到幼儿园近两个月的时间里，小朋友和小香猪之间发生了许多故事，还生发了孩子自编自导的微戏剧《小猪的一天》。一段时间后，孩子们要帮小香猪交朋友，经过商量，他们决定把小香猪"嫁"到诚园园区。孩子们一起成立送亲队伍，徒步前往诚园园区，为小香猪找了个好朋友大猪，还和诚园太阳2班结成了友谊班级，一起装扮小猪的新家，他们互换礼物、一起进餐和午睡，享受到了探访朋友的快乐。

（二）园本课程与周边资源的联结

在园本课程的开发与实践过程中，幼儿园并不是被动地使用资源，而是积极地将园本课程中的实践成果进行反馈，幼儿园可以将课程活动与周边环境、社会活动进行有效联结，形成新的资源样态。

案例 2-1-9　　　　　萌童设计馆开到了美院

西湖区转塘幼儿园的"萌艺课程"借助周边艺术院校的资源，以发现幼儿艺术创作兴趣为出发点，萌发幼儿艺术学习、探究、创造和表达的欲望，让幼儿关注生活、热爱生活、艺术地表现生活。每年6月，中国美院象山校区都会有一场艺术盛宴，那就是一年一度的美院毕业生作品展。往年，转塘幼儿园的孩子们都是这场盛宴的欣赏者，但是2019年的美院毕业展对于转塘幼儿园大班孩子来说，又多了一份特殊的意义。孩子们在欣赏美院学生作品的过程中产生了强烈的表达欲望，他们纷纷将自己看到的、感受到的用画笔和色彩表现出来，并互相交流自己的感受。面对孩子们童真的艺术表达，老师给予了支持，把孩子们的作品印制在靠垫、环保袋等物品上，还组织孩子们参与美院毕业生作品展。经过孩子们的设计和布展，萌娃们的艺术作品在美院毕业生作品展中顺利展出，引来了众多参观者的驻足欣赏，成为展览中的一道亮丽风景。萌娃们对色彩的感受与表达，对美的设计呈现也带给美院师生很多新的思考和启发。

（三）基于园本课程需求对现有资源进行改造

基于园本课程的需求，对幼儿园现有的资源进行改造。如利用幼儿园的基建维修提升工程，将幼儿园的建筑、景观、自然物、物质资源等按照园本课程实践的需求进行改造与添置，使环境和资源能更好地为课程教育活动服务，更好地彰显课程理念。

案例 2-1-10　　　　　假洞洞变成了真洞洞

在开发西湖区莲花港幼儿园"小树林游戏课程"的过程中，孩子们与园所环境发生着积极的互动，老师们紧紧追随孩子，充分利用、改造园所环境，将环境与课程进行了很好的融合。开学了，孩子们发现幼儿园门厅的三个假洞洞竟然如他们所愿变成了真洞洞，这在孩子们的小世界里炸开了锅。"它的里面是什么样子的？是干吗用的？"老师给予孩子们充分探究的时间与空间，孩子们和这三个新鲜、有趣又有无限可能的"洞洞"开始了一段亲密之旅。通过对这三个"洞洞"的大胆畅想，孩子们想要把这三个"洞洞"改造成为一个"时光穿梭机"，于是，围绕着"时光穿梭机"展开的丰富活动就开始了。从对时光机的想象，到对时光机的设计，孩子们事事亲为，他们制作时光机大门，布置时光机内景，设计游戏内容。最终，通过一次次的改造，孩子们将门厅的三个"洞洞"变为真正可以游戏的"时光穿梭机"。"时光穿梭机"的故事从中班一直延续到了大班。在这一段长长的时光之旅中，孩子们将自己的奇思妙想变成了真实的游戏，老师们在这一过程中观察、等待、支持。回首旅途，孩子们通过与洞洞的亲密接触，到产生布置时光机的奇思妙想，最后通过努力让梦想成真，这中间经历过失败、气馁，但他们不断尝试、挑战自我，最终获得成功。

总之，为幼儿营造适宜的学习环境，合理有效地利用各项教育资源，并将这些资源引入幼儿园的教育教学中去，需要幼教工作者关注幼儿的生活，以儿童的视角看待周围的一切事物。也只有这样才能练就一双善于发现的眼睛，找到美好事物与教育契机，收获源源不断的课程资源。

第二节 园本课程文化建设

浸润于课程之中的课程文化是园本课程建设的重要内容。所谓课程文化，虞永平教授曾说："课程文化是在课程建设过程中形成的，为大多数成员认同和践行的，能影响课程建设进程和水平的知识、理念、信仰及处理方式等精神特质。"由此可见，课程文化植根于课程实践中，同时又引领和推动着园本课程实践的不断发展。所以，推进园本课程建设，首先要重视课程文化的建设，而生成与培育课程文化，不仅能让每个幼儿园呈现出与众不同的教育风格和特质，更能引领园本课程有内涵、有品质地发展。

一、课程文化对园本课程的意义

开展课程改革，建设适宜本园儿童发展的园本课程，往往始于课程文化的驱动，始于幼儿园对教育、对课程新的期待。课程文化不仅是幼儿园独特的培养目标、教育理念和核心价值取向的集中体现，同时又是推进园本课程建设的精神文化，它以时时处处、人人事事浸染和渗透的方式，深刻地影响着园本课程中的儿童、教师以及家长。

1. 园本课程建设始于课程文化的驱动

随着社会的发展，人们对人才规格的要求、对教育的期待在悄悄地发生变化，教育越来越注重人的核心素养的提升，越来越关照每一个活生生的"人"。在教育实践中，我们教师也渐渐认识到儿童是自信的、有能力的学习者，我们的教育要充分彰显儿童的权利，充分尊重儿童。而幼儿园也希望能打造更具有民主性、更能尊重儿童个体差异、满足本园儿童发展需求的课程体系。观念的改变，新的文化期待以及新的价值取向，让区内幼儿园自觉地、迫切地去打破新观念与教育教学现状之间存在的隔阂，积极推进以文化为导向的课程改革，开展园本课程建设。

2. 课程文化左右着园本课程建设的方向

课程文化着眼于幼儿园独特的培养目标与对教育质量的认识，影响着教师对课程与教学的理解，关系到我们对需要教什么、为什么教、怎么教的把握。因而，课程文化不仅体现在课程设置与课程管理的品质上，课程组织与课程实施的水平上，也体现在课程中教师与儿童各自的地位与角色，两者之间的关系，以及自然而然形成的日常生活方式。不同的课程文化，不同的认识与理解，左右着园本课程建设的方向，也影响着园本课程建设的品质。

与此同时，课程文化营造、引领着园本课程建设的文化氛围和精神风气，打造着有共同的愿景、信念、价值体系、行为方式的教师群体，以及卷入式参与课程建设的家长群体，而正是因为有这样的课程建设共同体，才能使园本课程建设产生巨大的、持久的精神动力和创新能力。

3. 课程文化让幼儿园实现特色发展，成为更好的自己

幼儿园在独有的课程文化引领下，立足于幼儿园具体实际，自主建设符合本园儿童发展需要、体现幼儿园办园思想的课程。在这个过程中，基于课程实践的不断反思、不断完善，课程文化不断进行整合与重构，使其更契合幼儿园的教育实情，更契合幼儿园发展的精神与价值观，从而利于概括和提炼属于幼儿园自身的教育理念与实践模式。幼儿园园本课程建设成功与否，关键在于是否建构了一种与园本课程相适应的文化生态环境，形成了一种园本课程所倡导、所追求的人文气息，生成了一种独特又稳定的课程文化。而这种课程文化，不仅弥漫在课程与教学层面，以一种熏陶浸染、润物无声的方式，影响着幼儿、教师、幼儿园的发展，同时也让每所幼儿园的课程呈现出独特的内在气质，成为特有的教育品牌。

二、追寻课程文化的"园本性"

西湖区园本课程孵化过程，是按照从"发现儿童"再到"发现课程"的路径推进的，这样的路径设置，是希望引领各幼儿园能以儿童立场为核心价值观，开展园本课程建设，重构课程文化体系。因而区域内幼儿园在开展课程改革过程中，着力本园儿童发展需求，定位课程文化内涵，凝练园本课程理念，积极追寻课程文化的"园本性"。

（一）定位园本课程文化内涵

开展园本课程建设过程中，幼儿园首先要基于对人才规格、教育质量的理解，以及本园儿童的发展实情，清楚自己幼儿园要培育怎样的孩子，并明确可以通过怎么样的课程内容、课程活动形态，营造怎么样的师生关系和生活方式，来实现幼儿园的课程理想，也就是要对在园本课程实践过程中期望蕴涵并显现出的文化内涵特质有清晰的定位。一般而言，可以通过挖掘凝练历史、理性思辨演绎以及主动创生发展等方式，来逐步明晰和定位自己幼儿园的课程文化内涵。

1. 挖掘凝练历史

区域内有些幼儿园是具有一定历史积淀的老园和名园，有着丰富的课程实践，以及许多生动的、让人难忘的"故事"，且这些"故事"中蕴含着幼儿园独有的精神和信念。因此，这些幼儿园通过挖掘、寻找，将办园过程中好的文化资源和课程实践，结合当下的课程建设愿景进行凝练，重现在幼儿园的课程文化之中。

案例 2-2-1　　　闻裕顺幼儿园：美，有一百种表达

闻裕顺幼儿园是一所有着近70年历史的名园，也是西湖区第一批课程孵化园。幼儿园在规划与建设园本课程时，通过追忆寻找、整理分析、凝练概括，将办园历史中的优良传统与文化资源与当下学前教育的发展要求相结合，提出"美，有一百种表达"的课程文化愿景。在追忆过程中，老师们感受到"美"的种子早已深埋在每个闻幼人的心中。闻裕顺幼儿园原址与西湖一路之隔，那时老师和孩子们每天去西湖边写生、到湖边草地上跳舞，那种在自然中熏陶的美好感受让很多老师记忆犹新，积极主动地表达美已然成为闻幼人的生活方式。

当然，通过挖掘历史课程文化内涵，须在历史传承与教育发展"新要求"之间保持一定的张力和定力，不盲从，但也不故步自封，既不遗忘幼儿园的课程实践历史和文化记忆，同时也不断地进行反思性实践，创造性地改造自己的课程文化。正如闻裕顺幼儿园黄蓉蓉园长所言："在课程实践过程中，我们对于美的理解，也随着时代和学前教育的发展而不断完善，我们的视角从关注艺术的美逐渐拓展为欣赏各领域的美，从单一的课堂教学发展到整合性领域主题活动，从培养具有艺术气质的儿童，到养育'脚下带风、脸上带笑，心中有爱、眼里有光'的完整儿童。我们在传承中不断感受美、欣赏美、创造美，在追求自然的天性、自由的灵性和自在的创造性过程中，努力支持儿童对世界的一百种表达。"

2. 理性思辨演绎

也有一些幼儿园基于对文化、课程文化等核心概念的理解，针对园内的儿童发展需求和对课程建设的期待，通过理性思辨演绎的方式，定位课程文化内涵，确定幼儿园的课程理想与信念，并逐步形成幼儿园园本课程建设的精神与价值观。

案例 2-2-2　　　　　　　　**小和山幼儿园：多趣玩**

小和山幼儿园基于本园儿童健康状况并不乐观、幼儿园目前实施的课程中缺少以"运动"为主题的内容等状况，积极思考如何对本园儿童开展有效的健康教育与指导。通过理性思辨，该园认为若能围绕某一个中心开展运动主题活动，就能为儿童提供更充分的运动机会与时间，帮助儿童梳理零散的运动经验，获得更丰富的运动知识和技能，在更好地发展儿童体能的基础上促进幼儿交往、合作等能力的提升。基于此，该园提出了"多趣玩"的园本课程理念，以游戏为基本活动形式，以运动主题为课程组织方式，将儿童放在课程中心，开展相应的园本课程建设，希望课程能顺应儿童爱玩的天性，让孩子多去玩、多运动。

以理性思辨演绎来定位课程文化，往往有着清晰的课程文化架构，对课程目标、课程理念等都能清晰地描述和概括。当然，以这种方式定位文化内涵，还要与幼儿园内每天的真实生活联系起来，要与具体的课程实践联系起来，要形成独特的、内控的、自觉的课程建设与发展方式。因此，用理性思辨定位课程文化的幼儿园，需要不断将课程理想与鲜活的课程实践进行碰撞、平衡、完善，通过持续地反思、调整与积淀的过程，形成让课程成为"自己的课程"的一种动态的、生成性的文化。

3. 主动创生发展

区域内还有一些幼儿园，虽然一开始没有清晰明确的课程文化定位，但能主动参与课程改革，能在具体的课程建设过程中，且行且思，不断地改变过去习以为常的价值观念、思维方式及行为模式，从而慢慢形成一种与新的发展理念相适应、主动发展、自主更新的课程文化。

案例 2-2-3　　　　　文新幼儿园：小公民课程

文新幼儿园一直主动开展课程改革。初期，幼儿园聚焦儿童社会性发展的需要，开展了有关儿童社会领域学习环境的研究，提出以"生活实习场"为载体，游戏与社会教育相融合的课程实施方式。在实践过程中，文新老师慢慢地感受到不仅要关注儿童社会学习的环境，也要关注儿童社会学习的方式，因此在第二阶段，即从原有的实习场逐步跨越到"自在小镇"的全面构建的阶段，形成了四种儿童社会学习的方式。成为西湖区课程孵化园后，幼儿园更加关注打造完整、真实的小社会环境，给予儿童更为全面、系统的社会体验，最终，构建起"文新小城"这一课程载体，在且行且思中，形成了"小公民"园本课程的愿景和实施方案。

借助于课程实践而逐步清晰的课程文化，是最具有活力的课程文化。当然，用主动创生发展方式来定位与培育课程文化时，往往传统的课程实践还会影响着课程管理者和实施者，因而更要强调课程文化主体是否足够主动创造与改变，尤其是对课程理念的改变、课程建设的思维方式的改变，而不仅仅是环境、制度的改变，否则一有松懈，就容易恢复到原初的实践状态。而在这一点上，文新幼儿园无疑给其他幼儿园做了示范。

（二）凝练园本课程理念

对课程文化进行定位后，需要用简洁而富有哲理的语言，对幼儿园独特的课程愿景、课程思想、课程价值等内隐的意识形态，以及期待的课程行为进行概括与凝练，形成生动形象、易传播、易入心的文化理念。

常见的课程文化理念有四类指向，一类指向对课程价值、课程目标的概括与凝练，一类指向对课程资源利用、课程内容组织的概括与凝练，一类指向对课程实施中教育教学行为、师幼关系的概括与凝练，一类指向对其他文化形态的概括与凝练。

1. 对课程价值、课程目标的概括与凝练

案例 2-2-4 **蒋村花园幼儿园：有力、有爱、有能、有根的西溪棒伢儿**

蒋村花园幼儿园近年来持续推进、不断优化"西溪棒伢儿"园本课程的实践，她们希望通过园本课程的实施，让儿童感知、体验本土文化，通过自己的方式探究本土文化，获得对本土文化的认同，加深对家乡的热爱之情，增强自身的归属感，逐渐成为"有力、有爱、有能、有根的西溪棒伢儿"。"有力、有爱、有能、有根"既是对西溪棒伢儿的诠释，也是蒋村花园幼儿园园本课程的价值与目标。

2. 对课程资源利用、课程内容组织的概括与凝练

案例 2-2-5　　　　留下幼儿园：没有屋顶也是教室

留下幼儿园利用园内外的自然资源开发了"野趣课程"，就是以儿童为主体，让儿童在户外以他们自己的学习方式去感知探究周围事物，从而获得积极成长。如何让教职工以及家长快速地理解课程的期待，认同课程实施意识，留下幼儿园提出了一句简洁的理念口号——"没有屋顶也是教室"，并且自编了一首小诗来诠释理念："外面的世界魅力无限，充满好奇的心灵哪是一间小小的教室能容下的？和孩子一起踏上体验的旅程，去探索、去发现，收获成长的惊喜。留下，快乐的足迹！"

3. 对课程实施中教育教学行为、师幼关系的概括与凝练

案例 2-2-6　文一街幼儿园：存在先于发展、关系优于教育、过程重于结果

文一街幼儿园在实践"幸福种子课程"过程中，首先认为，教育的公平不是为每个儿童提供相同的教育资源，而是基于每个儿童的不同提供适宜的支持，因此课程首先要看到每个儿童真实的存在，在努力理解每个儿童不同兴趣、经验、发展需求的基础上，支持儿童幸福成长。其次认为，儿童是在关系的互动中获得安全感和归属感、价值感和幸福感，因此，在实施课程时，很重要的是要建立"温暖欣赏"的师幼关系，让儿童在可亲、可信赖且被支持的环境中得到幸福成长。最后认为，虽然课程的视野是要为儿童走向未来丰满而完整的幸福人生做好准备，但课程的视角一定强调儿童当下的积极成长体验，课程要让儿童在园的每一天是快乐而有意义的。基于以上认识，文一街幼儿园提出课程实施中需要遵循的三条原则：存在先于发展、关系优于教育、过程重于结果。

4. 对其他文化形态的概括与凝练

案例 2-2-7　　　　　大禹路幼儿园：三个一点点

大禹路幼儿园在实施小禹点课程时，提出了三个一点点：投入一点点、坚持一点点、创意一点点。这三个一点点既是儿童成长的目标、教师发展的方向，同时也是幼儿园在课程管理中的信仰和行为准则。三个一点点体现了儿童成长、教师发展、课程管理"小步子、低台阶"的核心理念。

文化理念作为课程文化的灵魂，在概括和凝练时，要注意避免以下几个误区：

其一是负重前行，面面俱到。什么都觉得有价值，什么都想去表达，这样既无法很好落实，苦于、疲于应对，同时也少了幼儿园独有的风格和特质。因此要根据幼儿园课程文化主线，大胆扬弃，轻装简行，先"瘦身"，再"健身"。

其二是表里不一，课程、理念两张皮。也就是理念是理念，实践是实践，或者理念无法概括园本课程的愿景和期待，这样的理念一定无法引领和推动园本课程的不断发展。因此要让理念与课程在逻辑上统一，要表里如一。

其三是表达不当，缺少内涵。无论是直白表达，或是诗性表达，理念既不能太深奥，让人云里雾里，也不能太具象，缺少后续发展空间，更不能背离"以儿童为立场"的区域课程建设初衷。因此，凝练理念时，要力求内涵大，寓意深，既让理念体现幼儿园独特的教育期待和价值取向，同时也要让理念表达精准、朴实、朗朗上口，真正成为园本课程的符号与灵魂。

其四是朝令夕改，无法积淀。理念一经形成，需要相对的稳定，因为从对理念的理解、认同到执行，再到成为一种行为方式和课程意识，需要时间的积淀。因此，在课程实践过程中，可以对凝练的理念有新的解读，赋予新的内涵，但不轻易去改动或改变凝练后的理念。

三、开启课程文化的建设之旅

课程文化只有作为师幼共同遵循的课程意识和课程行为方式时，才可能慢慢形成一种强大的"文化效应场"，引领和推动着园本课程不断发展。因此，在园本课程建设过程中，要不断营造浓厚的文化氛围、开展多形式的价值引领、强调课程制度的规范激励，伴随着对课程实践的不断反思和重新建构，让课程文化逐渐被群体认同，进而成为所有课程实践者的一种自发需要，呈现出一种"惯习"式的价值观念与行为模式，生成能统领幼儿园课程发展的课程文化。

1.营造浓厚的文化氛围

课程文化氛围是幼儿园基于对园本课程的价值期待与发展愿景，有意识在环境中、课程文化活动中创造出的浓厚文化情调。这种文化情调既彰显幼儿园的文化内涵，反映幼儿园的课程价值观，同时又如同一种"扑面而来"的气息，弥漫在幼儿园的时时处处、人人事事，让人真切体验，且在不经意中受其感染，而课程中的儿童与教师就在这样的气息中"向文而化"。

（1）环境营造氛围

儿童生活的环境是儿童最直接、最具体的生活体验场所，它既蕴藏着极为丰富的教育内涵，同时又能让无形的文化得以生动显现。因此，幼儿园要根据儿童身心发展需要和实现课程价值的需要，对儿童生活的环境进行改造与创设，使环境为文化赋形，使环境成为课程的文化符号。

案例 2-2-8　　**大禹路幼儿园：让小禹点形象起来**

大禹路幼儿园将小禹点精神物化为儿童喜欢的卡通形象，呈现在幼儿园的角角落落。这样的方法让"小禹点"鲜活起来，使其走进孩子世界，成为孩子们在幼儿园生活中形影不离的好朋友。

案例 2-2-9　**文一街幼儿园：幸福就是你看到我，我看到你**

文一街幼儿园认为幸福就是你看到我，我看到你。因此在环境中，处处让每个儿童感受到自己被看到、被欣赏到，如公共环境中的幸福故事，班级里随处可见的儿童成长"印记"。甚至儿童毕业后，幼儿园的某个地方还一定保留着他的痕迹。

案例 2-2-10　　　　　　**山水幼儿园："和美"环境**

山水幼儿园在实践"和美"课程时，非常注重和美环境的创设，努力使幼儿园的各个角落都能凸显和美理念。环境中色调和谐，布置雅致，同时注重儿童的参与，注重儿童与环境的对话。不仅如此，幼儿园还特别注重营造和睦相处、充满活力的人际环境，让所有的人都能得到尊重和呵护，让幼儿园的每一寸地方都能洒满灿烂的人文之光。

在创设课程环境时，环境不仅仅给人美的感受，还要让环境体现课程的价值取向，讲得出"故事"，看得见"寓意"，同时也要体现人与人、人与环境的对话与交流，要让环境与儿童发生互动，为幼儿园的课程活动服务，才能显示环境营造氛围的意义。

（2）活动承载内涵

承载课程价值观的仪式、庆典等节日活动，不仅是课程文化的一种表达方式，同时也是帮助课程主体形成集体认同感、形成共同记忆的重要载体，因此，定期开展带有课程象征意义的节日活动，也是课程文化建设中不可忽视的重要部分。

案例 2-2-11　　蒋村花园幼儿园：红红火柿节

蒋村花园幼儿园的"西溪棒伢儿"课程由多个园本节日有机组合而成，主要有"美美花朝节""棒棒龙舟节""红红火柿节""香香糕团节"。在节日到来之际，幼儿园会根据孩子们的想法和意愿，开展生动有趣的仪式活动，如在"红红火柿节"中，幼儿园俨然一片红红火火的丰收景象，同时还有火柿祈福、吉柿娃娃广场舞、叠柿子、扁担挑柿子等很多有趣又好玩的游戏。这些丰富多彩的仪式活动，不仅使课程文化有了外在的呈现，更是将民俗的意蕴根植于孩子们内心，成为他们心底深处的一种怀念。

案例 2-2-12　　　　　莲花港幼儿园：帽子节

帽子节是莲花港幼儿园每年六一节的保留节目，在这一天里，孩子们会戴上各式各样、各具创意的帽子来欢度属于他们的六一。而每一届的帽子节都有不同的主题，这些主题全都来自"绿野涂鸦"项目组孩子们的奇思妙想。

主题孩子定：项目组的孩子们对全园孩子的兴趣进行调查，提出本届帽子节的几个主题创意，然后经过小朋友们的投票，确定主题。

宣传孩子做：商定好主题以后，项目组的孩子们制作海报，设计邀请函，进班进行宣传。

帽子孩子制作：鲜花帽、勇士帽、飞机帽……孩子们对设计、制作帽子已驾轻就熟，而爸爸妈妈只需帮助收集材料，适当进行技术指导。

小树林里来狂欢：六一节终于来了，属于孩子们的"帽子狂欢"也开始了，大家戴上自己亲自设计、动手制作的帽子，来参加小树林游戏，尽情享受帽子节带来的快乐。

在开展节日活动时，很重要的一点是要让活动不仅"有形"也要"有魂"，既要让儿童感受到快乐，同时也要让他们感受到意义，既要带有课程文化的寓意，同时又要成为孩子心中永远的念想与回忆。在开展节日活动时，还要注意三个联结：

一是与日常生活相联结。作为日常生活中的高潮，节日活动尽量要与日常的课程实践、儿童的日常生活进行联结，要让这些活动成为日常课程实践后水到渠成的仪式化成果。

二是与社区、家庭相联结。要充分利用社区、家庭资源来开展节日活动，同时通过这样的活动，让社区、家庭更好地理解、认同课程文化理念，积极参与园本课程建设。

三是与过去和未来相联结。要让这些节日活动成为过往幼儿园仪式、庆典活动的传承，使活动随着时间的流转，慢慢成为幼儿园课程独有的标志，还要基于对课程未来发展的期待，每年进行一定的完善与创新。

2. 开展多形式的价值引领

建设课程文化，使倡导的文化成为教职工实践的文化，不仅需要课程主体的自觉，更需要幼儿园开展多形式的"价值引领"，让教职工对园本课程达成基本共识，能理解、认同和践行园本课程的价值信念和行为方式，让她们能"行我所信，信我所行"，更好地实践课程，推动园本课程建设。

（1）形成共同的课程愿景和目标

幼儿园的价值引领首先要让教职工形成对课程建设的共同愿景和目标，只有这样，才能让每一个教职工的努力有方向，反思有基础，实践有动力，也只有这样，团队中的每一个人不仅仅是"在一起"，而且成为彼此协作、互相支持的课程建设共同体。

案例 2-2-13　　文苑幼儿园：书信明确目标

文苑幼儿园在课程实施过程中，为了让课程建设成为所有教师的共同意愿和目标，每到重要阶段，幼儿园会用书信的方式，与教师分享对课程实践的思考，帮助教师明确当下课程建设行进到什么样的阶段，我们有了哪些收获，接下来我们需要怎样努力，让教师对下一阶段有共同的愿景和目标。选择以书信的方式进行价值引领，一方面，书面内容可以让教师更深思熟虑，且教师也会更认真地对待，另一方面，发给每位老师的信件，不容易让信息遗漏，同时便于教师随时、反复阅读。

（2）诠释和理解文化理念

幼儿园需要通过价值引领，将课程文化理念转化成为具体、可体验、可理解的操作性目标，融入教师的课程实践中，并慢慢在教职工心中鲜活、生动地生长起来，形成具体可实施的文化理念。

案例 2-2-14 **文一街幼儿园："关系"就体现在与儿童互动的细枝末节中**

"关系优于教育"是文一街幼儿园"幸福种子课程"的核心理念，为了让教师体验和感受课程倡导的"关系"，幼儿园组织老师们做了一次聊天游戏。

首先让老师们两两结伴。第一环节，一人蹲着一人站着，蹲着的人和站着的人聊天，一分钟后互换；第二个环节，让两人背靠背聊天，要求互相不能将头转过来；第三个环节是两人手拉手，看着对方的眼睛聊天。

游戏结束后，老师们分享体会。老师说："蹲着与站着的人聊天时，真没劲，就不想多聊，而背靠背聊天时，多想把头转过来，当手拉手、看着对方的眼睛聊天时，觉得停不下来，还想继续聊。"于是老师们意识到，要将"关系"落实在教育行为中，老师与孩子空间上一定是平等的，要尽可能蹲下来与孩子交流；要看着对方的眼睛，愿意花时间听他表达；要接纳儿童真实的感受，并相信儿童有自己解决问题的方法……"关系"就体现在这些与儿童日常互动时的细枝末节中。

（3）明确课程实践的价值追求

幼儿园要利用园内外的课程实践进行价值引领，让所有教职工明确，怎么样的课程实践是值得鼓励的，什么样的课程行为是符合园本课程的期待、满足课程建设所追求的目标的，由此，让教职工在课程实践中能举一反三，从而慢慢形成指向园本独特价值取向的课程实践意识。

案例 2-2-15　　　　　　　　　**转塘幼儿园：萌艺分享会**

转塘幼儿园在实践"萌艺课程"过程中，常常会选取优秀课程实践案例，让老师以头脑风暴的形式进行分享，也会通过拍摄记录教师课程实践的小视频，请老师通过观看视频，去反思教师的观察、理解、支持儿童的课程行为是否适宜，以此来明晰幼儿园倡导的课程文化理念，并使其慢慢地内化在教师的课程行为中。

当然，课程文化建设不同于对课程资源的分析、课程内容的选择，其需要一个长期、缓慢的培育过程，因此，在开展多形式的价值引领时，一方面要加强对课程实践的反思与总结，要不断使其中积极的实践行为，通过价值引领，成为大家认同的观念和自觉行为。另一方面还要通过价值引导，帮助形成一种群体对话交流氛围。因为教师的课程意识形成，很大程度上是教师在实践过程中，不断将自己直面的事实和感受，与自己心灵深处的思想以及行为习惯对话的结果，也是在团队中不断对话、碰撞和融合的结果，没有对话，教师无法真正形成稳定的课程信仰和课程意识。因此幼儿园的价值引领，也要鼓励和支持每一个教师将自己的实践行为、思想观点不断与团队成员进行对话，要给予多层次、多场所分享交流的空间与机会，以此推动课程文化的形成。

3. 强调课程制度的规范激励

课程文化的形成和发展是一个渐进而非突变的过程，而制度可以促使课程价值与课程行为保持"步调一致"，从而慢慢生成课程文化。因此，幼儿园在推进课程建设过程中，还要不断总结课程实践，并建立相应的制度来规范与激励，以此改变和革新教师在课程建设过程中的观念与行为，进而塑造和推进课程文化。

案例 2-2-16　　　　　　　山水幼儿园："和雅"手册

山水幼儿园认为只有每一位教师将幼儿园文化渗透在日常的一言一行中，幼儿园文化与课程的融合才能自然生成。基于多年的实践，幼儿园梳理了"和雅"教师手册，从教师的着装、礼仪到日常的师幼互动、家园互动等方面制定详细的规范要求，让和美文化引领下的"和雅"教师形象在每一位老师心中变得具体、形象和生动，既为老师们提供明确的努力方向，同时也为实践课程提供保障。

幼儿园课程制度的建立，是为课程文化的形成和发展提供条件和保障，因此，在设置课程制度时，首先要强调制度的民主性和合法性，要基于园本课程实践，基于教师群体的民主讨论才进行确立；其次还要强调课程制度的激励性和执行性，要让课程制度不仅规范教师行为，更要激励教师成长，成为他们实践课程的努力方向和内在动力，同时要强调落实，只有真正在执行的制度，才能对课程文化建设有意义；最后是课程制度的动态变化性，课程制度要随着课程实践的进展，不断调整。正如政苑幼儿园葛素文园长说的那样：制度是规范、是标准，但是制度需要不断更新和优化，与时俱进的制度才能推动园本课程的发展，支持课程文化的形成，因此不仅我们的"不完美小孩"课程在"改变和打破"中不断完善，我们的系列课程制度也是如此，没有最好，只有更好。

在园本课程建设过程中，加强课程文化建设，不仅可以使课程建设成为全体教职工的共同任务和共同行为，形成全方位、全过程的课程建设格局，而且通过蕴含其中的教育理念、价值观等精神特质，使课程真正成为支持儿童生命成长的摇篮。当然，课程文化建设是一项复杂的系统工程，需要我们所有人持续的共同努力与开拓创造。

第三节　园本课程的内容与架构

课程内容，简单讲是老师"教什么"，孩子"学什么"的问题，而"教什么"和"学什么"直接关系到课程目标的实现，幼儿园育人目的的达成，以及幼儿的成长和发展。幼儿园的课程内容设置有其特殊性，因为幼儿园的课程内容应该接近孩子当下的生活，应该让孩子们有直接的体验，所以每所幼儿园的课程内容都不完全一样。各省市地区会有专业审定的教材供幼儿园参考使用，但事实上，幼儿园对课程内容有很大的自主取舍和编排的权利。正因如此，科学地做好课程内容的取舍和课程内容的架构显得尤为重要。

一、园本课程内容取舍与架构的意义

课程内容的取舍，是一项常态的工作，但又是幼儿园非常重要的工作。课程内容选择的广度，决定了课程建设的整体性和多元性；选择内容的来源，可以影响课程建设适合幼儿园特质的程度；选择内容的方式，反映了课程建设中教师的教育理念是否科学和与时俱进。

随着时代的发展与学前教育事业的发展，幼儿园的课程内容呈现出了很大的变化。第一是课程内容的来源有变化。以往在几本教材中选择大量内容，转变为结合本园园情生成课程内容。第二是课程内容涉及范围有变化。早先只关注集体教学的内容，慢慢地转变为涉及区域、自主游戏、生活等一日生活各个环节的内容。第三是课程内容的审议有变化。以往基本上是拿来就用，现转变为对教材内容适度地审议和调整。以上课程内容取舍的变化，是教育理念不断更新的结果。我们更好地认识到了课程的建设要因地制宜，一日生活皆课程，课程建设是为了孩子的发展。

但其中存在的问题也是比较突出的：第一是课程内容的选择有领域失衡的现象，因过度注重课程的特色，导致没有很好地把握课程内容的整体安排；第二是课程内容的选择比较随意，觉得挺好玩或挺有趣就安排，没有深入考虑选择对孩子们终身发展有意义的课程内容；第三是课程内容的生成能力有限，把需要的内容转化成可以实施的具体内容的能力不足，教师还需要加强这方面的学习，提升这方面的能力。

基于以上课程内容取舍方面的几个转变和实际操作中存在的问题，我们从课程内容的科学认识和课程内容的取舍原则两个方面做进一步的提升。

（一）提升对课程内容的科学认识，做好四个转变

一是从"依据老师的经验选择内容"转变为"基于儿童当下经验来选择内容"，这样才能真正助推孩子在最近发展区获得发展。最近发展区是孩子获得发展的最好距离，所以内容的选择要考虑到孩子们的已有经验、日常生活表现、实际生活环境、兴趣爱好等等。因此，选择孩子通过努力能得到成功体验的内容是最理想的课程内容。

二是把"老师教孩子什么"转变为"老师和孩子们一起做什么"。自上而下地教会孩子，是一种以教师为主导，孩子被动地学的状态；而一起做，是一种平等的关系，是共同的体验，所以课程内容要具备师幼可共同操作的特性。

三是把"要孩子知道什么"转变为"让孩子表达自己的观点"。知道是对客观知识的记忆，而观点是自己通过观察和思考得到的个体认识，这样的认识是孩子主动思考，想办法解决问题的结果。所以课程内容是开放的，可以表达不同的观点。

四是把"一刀切的内容"转变为"灵活多样的内容"。"一刀切"的教育强调每个孩子都一样，极不利于孩子个性的成长，所以课程内容要灵活多样，适合不同孩子的特点。

（二）架构具体课程内容，把握三个原则

第一，只有把握好课程内容的全面性和整体性，才能把握住育人目标。我们国家的育人目标强调德智体美劳全面发展，内容选择要兼顾五大领域，并基于全面丰富的课程内容和课程的定位统筹安排。这样课程的目标和育人的目标才不会丢失。

第二，把握住课程内容架构的逻辑性，这是对孩子成长特质的尊重。孩子的成长是有一个过程的，不同年龄段的幼儿有阶段性的变化，课程内容要根据幼儿的成长过程来编排。

第三，课程内容架构的动态可变性，是顺应时代的需求，支持儿童个体发展的需要。不同的幼儿园有自己的办园历史、环境资源等，因此课程内容需要根据幼儿园特质来取舍。同时幼儿园在不断发展，资源也在不断更新，由此课程内容也要顺应时代的变化，呈现动态且可变的特点。

二、园本课程内容的园本取向

儿童的课程内容是什么？从幼儿园"一日生活皆课程"的理念来讲，儿童的课程内容应该包括幼儿在园的一切活动。幼儿园的体制不同，周边环境不同，生源家庭环境不同，师资来源不同，等等，这些因素使幼儿园呈现出不同的特质。不同特质的幼儿园，有不同的教育理念和课程目标，所以呈现出不一样的课程内容。幼儿园选择课程内容一般会基于对周边环境、各种资源的考虑，基于给幼儿更多真实生活体验，更多接受当地文化熏陶的机会，去设计、选择课程内容。这样的课程内容是真实的、生活化的、接地气的，是有利于幼儿成长的。不同的幼儿园根据各自特点选择和生成课程内容，以更接近幼儿生活的课程内容架构来完成目标。西湖区每所幼儿园的课程内容呈现出不一样的特质，我们可以将其划分为目标取向的课程内容、需求取向的课程内容和资源取向的课程内容。

（一）目标取向

目标取向的课程内容，一般是幼儿园充分考虑办园历史、生源家庭环境、师资队伍等，确立课程目标，然后围绕目标选择合适的课程内容。当然，确立的课程内容要符合这所幼儿园园所的气质，确保课程内容的开展是全体教师的共同愿景，只有这样，课程内容的开展才是具拓展性和生成性的，才能可持续推进。

案例 2-3-1 　　　　　闻裕顺幼儿园：美诉课程

闻裕顺幼儿园办园近70年来，对"美"的研究历经了三个阶段，即从最初的关注视觉感受，到以特色班为载体的艺术特色教育，再到以全人发展为目标的美诉课程。美，逐渐沉淀成为园所和教师团队的独特气质。课程内容以四季自然流转过程中万物外部变化和内部生长的美为基本内容，由充满希望的春、满藏向往的夏、收获满满的秋和盘存蓄积的冬四大主题组成，每学期安排两个大主题内容。每个大主题下设"自然"和"人"两类小主题，小主题的内容又分别从外部变化和内部生长两个维度出发预设教学内容。大主题结束后链接集"总结评价和纪念日"为一体的"我们的小日子"活动，构建起立体且丰满的课程内容。

案例 2-3-2 　　　　　午山幼儿园：绘美课程

午山幼儿园地处中国美术学院附近，建园初期就在大美育教育观下建构课程，课程名称是"绘美课程"。课程理念是"以美启智、以美明善、以美促体"，培养乐于发现并感受美、喜于体验并理解美、勇于表达并创造美的孩子。在生活活动中渗透感悟美，在项目活动中学习理解美，在领域活动中丰富对美的多元认识，这些都成了幼儿园审美教育的重要内容。走进午山幼儿园，在大厅、在走廊、在班级，在孩子们的一幅幅美术作品、一个个美好的学习故事中，都能感受到"美"的体验。

案例 2-3-3　　　　　**文鼎苑幼儿园：文·鼎课程**

　　文鼎苑幼儿园从建园开始便确立了"鼎真做事，鼎善做人，鼎美生活"的办园理念。全园致力于聚焦与挖掘"真善美"的特质，培养幼儿"有好奇心的探索精神""有同理心的利他行为""有审美力的生活态度"，由此，形成了"十全十美十件事儿"的课程内容，并以日常渗透式、班级项目制、馆群项目制等多种形式开展课程。此外，对于幼儿园特有的园本事件、仪式活动等也会以课程的形式开展与实施。

（二）需求取向

　　基于需求取向的课程内容，一般从两个方面来考虑，一方面是幼儿园多角度地分析判断孩子们成长过程中的需求、孩子未来发展的需求；另一方面是通过了解孩子们的真实需求，来设计和安排孩子们想要的和合适的课程内容。两个角度的思考合二为一，就是需求取向的课程内容。

案例 2-3-4　　　　**翠苑第一幼儿园：润心启智课程**

　　翠苑第一幼儿园儿童哲思课程以"让思维在对话中闪光"为愿景，希望通过创设润物细无声的思辨环境，让儿童始终保有好奇之心，以敏锐的视角观察与发现、思考与提问，在平等对话与分享交流等学习方式中发展思维能力，并产生尊重他人、悦纳明理、协同合作等良好品质。课程以与儿童深入对话为基石，将思辨落实于主题课程、日常生活和节庆活动，以此架构课程内容。幼儿园将思辨"镶嵌"于主题课程实施过程中，让活动实施更具深度；将思辨"渗透"于日常生活，让儿童的提问随时可见；让思辨"主导"节庆活动，支持儿童真正成为活动的主人。实现在多角度看待问题、多形式参与、有创见的表达中使儿童获得成长的目标。

案例 2-3-5　　　　文新幼儿园：小公民课程

文新幼儿园的小公民课程是从幼儿的学习兴趣和社会经验出发，以"文新小城"为载体，构建社会性教育的园本课程。小公民课程包括三部分内容，分别是年龄段主题课程、室内外混龄游戏课程、班级同龄项目课程，这三部分内容相互依存、层层递进、螺旋上升。其中基于对孩子们的需求，幼儿园需要有宽敞的公共空间等综合考虑，根据幼儿游戏兴趣、需要，将部分关键的社会场景进行浓缩、搬进小城，创设了服务中心、地铁站、环卫所、快递中心、餐厅等12个游戏场馆群，形成了一个小城的社会体系。游戏场里的活动内容由孩子们来定，游戏的规则由孩子们自己商量，游戏场的材料由师生共同投放，并交给孩子自主管理。

（三）资源取向

基于资源取向的课程内容，自然是和幼儿园所处地域特色和当地文化相关。地域特色包括幼儿园的建筑特点，幼儿园的周边环境特点，幼儿园所处的街道文化，当地民俗，等等。根据这些特点设置的相应课程内容更接近孩子生活，让孩子有真实体验。比如建在山腰的留下幼儿园基于地理形势构建的野趣课程；坐落于西溪湿地的蒋村花园幼儿园，他们在"西溪棒伢儿"课程中开展了一系列与当地民俗相关的游戏活动。

案例 2-3-6　　　　留下幼儿园：野趣课程

　　位于西湖区西部的留下幼儿园，园所处在一个山腰上，周边依附着山林，园内的建筑高低错落，因此，幼儿园的课程定位是"野趣"。在自然环境中，野趣游戏自然而然地产生了，幼儿园变成了一个孩子可以自主玩乐、受孩子喜欢的野趣乐园。教研组利用幼儿园户外地势南高北低斜坡多的特点，设计了"单车环行""酷跑寻宝""翻山越岭""娃娃 CS"等活动；利用自然资源，以时间为线索，开展春季播种节、夏季清凉节、秋季采摘节、冬季远足节等活动；依据附近的山地资源，组织幼儿开展探究性的野趣项目活动，比如户外秋千、野地帐篷等。孩子在户外，在大自然的环境中，亲身经历、亲自体验，认识自然、感受大自然的美好。

案例 2-3-7　　蒋村花园幼儿园："西溪棒伢儿"课程

　　位于西湖区西溪湿地蒋村的蒋村花园幼儿园，他们的"西溪棒伢儿"课程就和当地文化息息相关，课程的内容主要来源于对蒋村本土西溪民俗文化的提取和转化。西溪民俗文化主要包括三个方面，分别是物质生活民俗类的农耕文化、饮食文化、工艺文化、景观文化，社会生活民俗类的节日民俗和礼俗，以及精神生活民俗类的西溪传说、西溪戏曲和竞技娱乐。幼儿园通过运用适切性、特质性、操作性、均衡性、开放性五大提取原则和目标统领、趣味转化、主题参与、整合优化的四大转化策略，生成了课程内容的主体，即由多个本园所特有的节日小课程有机组合而成的园本节日群，分别是香香糕团节、美美花朝节、棒棒龙舟节、红红火柿节、亲亲听芦节、巧巧编织节、悠悠河塘节等。西溪湿地的孩子从小体验民俗生活，传承他们自己的民俗文化。

三、园本课程内容的架构模式

幼儿园课程内容的框架可以使内容的安排更加合理，更具科学性和整体性，并使课程理念落地，课程目标得以实现。不同的课程内容，它的架构模式是不同的。要形成一个较为理想的课程内容架构，应当注意以下几个方面。首先是架构的整体性，架构需要涉及各个领域，兼顾不同年段等。比如以某一领域为重点课程内容的，同样会考虑到其他领域的渗透和整合。其次是架构的逻辑性，不管是以一日活动为课程内容来全盘架构，还是围绕部分补充的课程内容进行架构，都需要考虑编排的逻辑问题，幼儿的认知特点、年龄特点，等等。第三是架构的灵活性，每一个模式都不是一次能完美架构的，要根据每一阶段的实施情况，做更合适的调整。

西湖区的课程内容架构可以分成以下几种类型的课程内容架构模式。一种是资源补充模式，因这类幼儿园有很丰富、适宜的课程资源，所以，把这类资源转化为幼儿园课程内容的一部分。另一种是弥漫样态模式，这类课程内容是根据课程理念和课程目标全盘架构幼儿园所有的课程内容。第三种是领域加强模式，这类幼儿园中，某一领域的课程发展一定是非常凸显的，有很强的拓展能力，在课程实施架构模式中，会以这个领域为重点和中心，渗透其他领域的教育。

（一）资源补充模式

资源补充模式的课程内容架构，指的是幼儿园拥有特别有意义的课程资源，并把这些课程资源有效地转化成幼儿园可实施的课程内容，这些资源不仅是对幼儿园现有课程内容的有力补充，也对幼儿的发展具有很好的价值。比如有的幼儿园有一块特别大的户外沙地，就会开展沙地的各种游戏；有的幼儿园离美术学院一步之遥，就会开拓一些艺术项目和艺术体验活动。

案例 2-3-8　　　　　　**转塘幼儿园：萌艺·启智课程**

转塘幼儿园毗邻中国美院象山校区和浙江音乐学院两大艺术院校，园内家长也不乏两大院校内的教师及相关艺术工作者，转塘幼儿园就这样的地理和人文资源进行了很好的资源转换，形成了"萌艺·启智课程"。课程目标是让幼儿"拥有发现美的眼睛，保持艺术想象的热情，获得快乐表达的能力"。

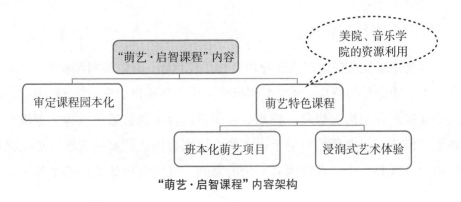

"萌艺·启智课程"内容架构

从"萌艺·启智课程"内容架构中，我们看到课程内容分为两个部分，其中"萌艺·启智特色课程"部分是利用了美院和音乐学院的资源，并将其转换而得来，是对审定课程很好的补充。特色课程也有两个部分，一个部分是班本化萌艺项目，有项目实践活动，即根据项目的内容开展系列主题团讨活动、模仿体验活动、主题创作活动等；还有特色区域活动，即创设特色区域空间，满足幼儿在一日活动中随机的自由表现、创作。另一个部分是浸润式艺术体验，比如观摩类，包括参观院校的艺术环境，观摩院校学生艺术创作表演，参观院校艺术作品展，等等；助教类，利用园内艺术院校老师的家长资源，有组织地针对园内幼儿定期开展不同内容的艺术体验活动。

在"萌艺·启智课程"中，孩子们通过走进院校感受斑斓的艺术环境，观摩艺术创作过程，欣赏艺术作品，在直观的情感渲染中萌发学习的兴趣，在视觉、听觉等感官体验中，萌发创作的灵感。通过园内的主题活动、家长助教活动、特色区域活动，支持幼儿保持艺术想象的热情，激发幼儿的创造性思维。孩子在多元创作中快乐表达，启迪智慧。

（二）弥漫样态模式

弥漫样态模式是指围绕课程理念和课程目标，全新架构课程内容，突出一日生活皆课程的特点。课程架构模式呈现出均衡性、全面性。弥漫样态模式的课程内容架构优势是，把原有的课程内容重新打破再重构，逻辑性比较强，但相对于老师们对整个内容的审议则提出比较高的要求，更应强调重组内容既要关注到课程内容架构的原则，又要突出幼儿园园本的个性化的特点。

案例 2-3-9　　　　　　**政苑幼儿园：自我成长课程**

政苑幼儿园的不完美小孩自我成长课程，是基于认识到每个孩子的独一无二、每个孩子的不完美而产生的，其以"认识自己，做更好的自己"为课程目标，突出自我成长的理念。课程内容主要围绕孩子的"自我成长"来架构。

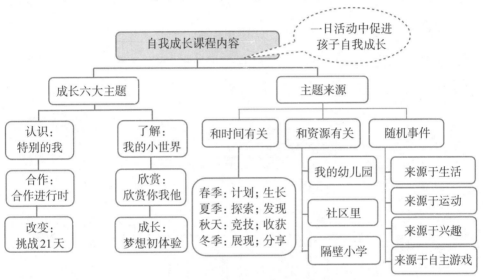

不完美小孩自我成长课程内容架构

从自我成长课程内容架构中，我们看到课程内容围绕成长的六大主题开展，从认识自我，到合作他人，再到挑战自己。具体的内容来源于不同时间、不同资源和随机事件。和时间有关的内容包含了四个季节的内容；和资源有关的内容，不只包括幼儿园内部的环境，还包括周边环境，比如社区和小学的利用；与随机事件有关的内容，有源于生活、源于运动、源于兴趣和源于自主游戏的内容。在政苑

幼儿园的每一处,在政苑幼儿园的每一个季节,都能看到代表当下孩子自己成长的小名片,这表明他们的作品被展示,他们的成长被记录,透过小名片仿佛能看到孩子们在创作和游戏的场景。

 案例 2-3-10 　　　　文苑幼儿园:幸福种子课程

　　文苑幼儿园的幸福种子课程,以培育好奇、自信、坚持、责任、尊重、关爱、合作的幸福儿童为目标,以"存在先于发展""关系优于教育""过程重于结果"为理念,形成以下课程内容架构。

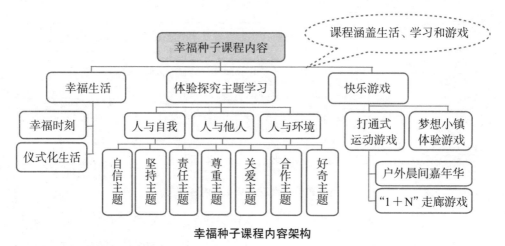

幸福种子课程内容架构

　　从幸福种子课程内容架构中,我们看到课程内容涵盖了生活、学习和游戏。对于儿童来说,生活既是他们当下的存在,也是实现"更幸福"的学习过程。课程从幸福生活、体验探究主题学习、快乐游戏这三大板块去不断丰富和充盈儿童"更幸福"的体验,去表达他们对未来生活的态度和倾向。幸福生活,包括寻常生活中的幸福时刻和仪式化的文苑幸福日。通过调查了解幼儿园所有孩子在什么时候会觉得特别幸福，将"七颗幸福种子"转化为儿童可参与、可感受、可体验的"幸福日"仪式活动。体验探究主题学习，是从"人与自我、人与他人、人与环境"三个角度着手，以主题的方式开展，让孩子深度体验、深度探究、深度思考与学习。快乐游戏，有晴天户外的晨间嘉年华和雨天（雾霾天）室内的"1＋N"走廊游戏；梦想小镇体验游戏，是以儿童表达梦想为起点，以实现梦想为任务，以角色体验为主要形式，来落实"七颗幸福种子"的游戏目标。

（三）领域加强模式

领域加强模式是指在园本课程内容中，增加某一个领域的内容。有的是因为办园过程中一直对某一领域有研究，积累了丰富的课程资源；有的是因为在教师队伍中，拥有在某一领域有特长的教师。这些都为园本课程中某一领域活动的开展奠定了很好的基础。这部分加强的领域内容，在整个园本课程的框架中，有两种分布模式，一种是单列一个领域加强的内容，另一种是整个园本课程以此领域为中心，其他领域渗透其中。

案例 2-3-11　　　　　象山幼儿园：五象创享课程

位于西湖区南面转塘地块的象山幼儿园，其五象创享课程就是幼儿园美术领域加强型课程。象山幼儿园有在美术领域方面有精深研究的园长和骨干教师，在教师团队的探索下，园内形成美术领域的三类活动。

五象创享课程内容架构

从五象创享课程内容架构中，我们看到美术领域的加强，是以创意和分享为特点，从三个角度来设置内容。一是从美术的创意角度，围绕美术学习内容展开创意活动；二是专用教室与班级教室融通，课程内容的设计与实施不仅有效利用专用教室的空间与功能，也有效利用班级以及院内外空间；三是既强调幼儿在分享中生成新的学习内容，幼儿通过语言以及符号表达自己的创意，又强调幼儿创意思维的持续性深入，以及幼儿创作作品应用于真实生活中。幼儿在创享活动中萌发兴趣，产生强烈的表达欲望并能主动表达，能自主探究审美、乐于审美想象，运用个性化且适宜的美术创意方法进行表达与分享。

案例 2-3-12　　　　**小和山幼儿园：多趣玩课程**

小和山幼儿园是一所研究运动的幼儿园，积累了非常多的健康类活动资

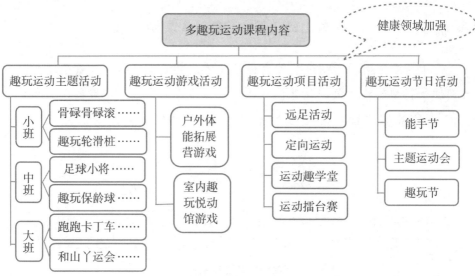

多趣玩课程内容架构

源。课程"多趣玩"通过运动主题、游戏活动、运动项目和运动节日，使幼儿在活动中体验、探究、交往，在运动中健体、健心、健行，发展成为"发育良好、动作协调、体能较好、喜欢运动、活泼开朗、勇敢坚毅、善于合作、主动探究、富有创造"的运动小达人。

从多趣玩课程内容架构中，我们看到运动主题活动是围绕一个运动方面的中心议题所展开的。运动游戏活动中，户外体能拓展营游戏是基于最近发展区理论而开展的具有一定挑战性的运动游戏，重在发展幼儿体能；室内趣玩悦动馆游戏，不仅可保障恶劣天气时幼儿的运动量，也能让幼儿养成每天坚持体育锻炼的良好健康习惯。运动项目活动是一些有关运动的特色体育活动，作为课程的补充，它包括运动趣学堂、定向运动、远足活动和运动擂台赛，这些活动以每周、每月、每季度等不同时间段定期开展，力图充分调动幼儿参与运动的积极性和主动性。运动节日活动是围绕运动方面的某一个主题而开展的节日活动。比如"趣玩节"旨在促进幼儿大肌肉群的锻炼，激发幼儿玩的天性；"能手节"旨在锻炼幼儿小肌肉群和生活自理能力；"主题运动会"采用年级组、全园、亲子等形式开展，以不同主题让幼儿感受运动带来的乐趣，懂得团结合作。

　　幼儿园园本课程的内容和框架是一个幼儿园课程的重要部分，课程理念和课程目标的实现需要课程的架构和内容的实施才得以实现。因此，幼儿园应合理架构，开展适宜的内容，让孩子们获得更好的成长。

第四节　园本课程实施的教研与培训支持

伴随新一轮课程改革的推进，教师被赋予了更多的课程自主权，并成为课程开发的主体之一。教师的专业能力制约着园本课程建设的水平，然而，当前教师自主开发课程还处于探索阶段，其课程开发能力普遍不足，在课程建设的过程中会遇到诸多的困难和问题。这不仅需要教师依靠自身的理论和实践经验进行不断的感悟和摸索，更需要幼儿园开展有效的园本教研与培训，支持与帮助他们面对课程开发中的实践问题，共同讨论、相互学习交流并紧密合作，形成解决问题的方案，使园本课程更有质量地建设。

一、参与式培训，更新观念并丰富理论知识和经验

长期以来，幼儿园一线教师往往是被排除在课程开发之外的，他们只有权利去探讨与落实"怎么教"，只是课程的执行者，甚至相当一部分教师都认为自己没有能力开发课程，缺乏课程意识、课程理论知识和课程能力。近年来，幼儿园一线教师开始参与园本课程开发，这项工作需要教师具备相应的课程理论知识，这就必然引起教师知识结构的重组。当前，从课程目标制定、课程内容选择到课程组织实施与评价等一系列活动都依赖于教师的参与，因此，需要他们具备与此相契合的课程理论知识和课程开发能力。为此，急需幼儿园开展园本培训以帮助教师更新观念并获得一定的课程理论知识和经验。参与式培训旨在改变传统培训中教师的被动接受的学习方式，更强调教师的主动参与和知识的主动建构。

（一）读专业书籍，丰富相关的课程理论与知识

知识就是力量。当我们储备的已有知识经验不足以应对自主开发园本

课程这个新生事物时，学习的重要性日益突出。幼儿园可以根据各自园本课程建设需求，事先阅读一些相应的专业书籍，再精选出书单引导教师阅读，也可以鼓励教师自主阅读，并把好书分享给大家。通过读书，进一步重构教师个人的知识框架，丰富课程理论，在学习借鉴他人的经验的基础上融会贯通，进而得以实践与创新。

1. 导读、精读、共读

小和山幼儿园在开发"多趣玩"运动课程初期，为每位教师准备一本《学前儿童健康领域学习与发展核心经验》。首先，由教研组长提前一个月发出导读单，列出重点问题请教师在书中找答案。其次，教师自主分组对核心经验中的某一篇章进行精读，并将精读后的重点内容用思维导图呈现出来。最后，教研组长带领全体教师共读核心经验重点目标、分享阅读心得。通过导读、精读、共读，教师们深度解读运动核心经验，自主建构知识体系，有助于后期开发实施运动课程。

2. 分层、分组研读

申花路幼儿园以"分层分组"形式，组成四个学习工作坊，引导教师分别对该园"STEAM"园本课程中的项目学习、STEAM课程、创客教育等核心概念进行文献综述、概念解析、案例学习等。例如，职初教师的学习主题是"STEAM课程"，他们通过查阅资料和文献，知道它是什么、是怎么样的，在幼儿园和小学的运用中有何区别，在幼儿园阶段可以怎么诠释。此外，还需汇总STEAM特征，更细致、更具体地指出某一特征指向什么，并用小案例解释STEAM中的问题意识、工程意识、融通意识等。又比如，骨干层教师在学习工作坊中，围绕STEAM项目活动和科学探究活动的学习方式、学习内容、幼儿学习轨迹、学习中的迷思概念和困惑异同等维度进行深入研讨。当一个阶段的学习结束时，各个工作坊通过汇报和展示交流的形式，向全体教师阐述本组的学习成果，从而促进教师之间的知识共享和经验拓展，形成该园"STEAM课程"理论学习的最初传播链。

3. 自主阅读与交流

留下幼儿园不仅组织教师共读《小小探索家 —— 幼儿教育中的项目课程教学》《开启孩子的心灵世界 —— 项目教学法》等书籍，更注重培养教师的自主阅读能力，并给教师们出招，提出四个阅读步骤。第一步：问题导读。每次确定一个共读章节，根据导读问题，结合实践工作圈点、标注书中的理论依据，个性化地对问题进行理解和梳理。第二步：分享交流。鼓励教师针对导读问题与他人分享，对比自己与他人阅读思考的角度，感受教师间的思维差别，当自己将所看所想和别人交流时，学习也发生着化学反应。第三步：读书感悟。每一个篇章阅读完以后，鼓励教师写一些感悟，以小见大让阅读从单一视角向多维视角过渡，并结合整个篇章来思辨，让自我认知更丰满、更有效。第四步：回归实践。阅读能提升教师的内涵，但若是没有回归实践那还是没有灵魂的，只有在我们的生活和教育工作中有效链接和运用知识，才能让静止的文字鲜活起来。比如大班老师们做过的项目"问题树"，就是教师学习了《开启孩子的心灵世界 —— 项目教学法》之后的有效实践。

（二）体验式学习，提升与课程相关的专业技能

古人云"尺有所短，寸有所长"，每个幼儿教师的专业技能水平亦如此，有长处亦有短板。为此，幼儿园应根据园本课程建设的需要，因地制宜地开展一些培训，提升教师专业技能。体验式学习更注重让教师亲身体验与感受，主动积极地参与，成为学习过程的主体，在实践中不断获得经验，为更有效地实施园本课程做好专业技能的储备。

1. 专家授课

转塘幼儿园利用周边大学的社区资源，聘请了一些具有艺术特长的大学教授成立"萌艺助教团"，来助力该园"萌艺"课程的实施开展。例如，在主题活动"大中国"实施过程中，作为国粹之一的国画艺术引发了大二班孩子们的探究兴趣，"水墨艺术"课程也由此产生。当孩子们对水墨艺术的探

究日渐深入之后，园内两位老师感到自身的国画教学技能日显不足。于是，幼儿园邀请了"萌艺助教团"的国画老师对老师们进行"中国画"教学技能的培训。又如，大一班开展"鸟窝生成记"陶泥艺术课程时，发现用陶泥制作的鸟窝总是会裂开，当老师难以解决这个问题时，就向"萌艺助教团"的泥塑老师发出邀请，请他来园面对面解答疑惑并演示教授"如何不让陶制品开裂"的制作技巧。通过邀请专业老师入园对教师进行技能培训，较好地解决了教师在课程实施过程中遇到的技能短板问题，提升了课程实施成效。

2. 打卡练习

小和山幼儿园实施的"多趣玩"运动课程需要教师们自身具备一定的运动技能，比如能够正确示范基本动作、灵活地操控体育器械、准确有力地喊口令等。为此，幼儿园组织教师在每周二13：00—13：30进行健康打卡活动，园长（体育草根专家）经常带领大家练习相关技能，如正确拍球、走队列、喊口令、基本动作示范、律动操等。通过打卡练习，不仅激发了教师参与运动的兴趣，也提升了教师的运动技能，为实施运动课程做好了技能储备。

3. 试玩 DIY

申花路幼儿园2018年暑期进行了室外改造工程，开学伊始，教师们基于幼儿对于幼儿园环境的设想生成了"沙池 DIY、秋千幼儿园、滑梯大改造"等6个项目工作坊。教师们以年级组为单位，亲身经历项目探究活动，体验和感悟 STEAM 课程要素，识别核心经验，并结合幼儿的年龄特点，通过对自身实践的反思，对幼儿的项目探究和学习过程进行预测，为幼儿开展 STEAM 项目活动精心设计丰富多彩的活动内容、工具和材料，创设出积极的、以幼儿为中心的、基于现象和问题的学习氛围，为后期幼儿开展项目活动带来沉浸式的学习体验。

（三）分层式培训，支持与满足教师的不同需求

园本课程建设离不开幼儿园全体教师的共同参与，这个团队中有行政

管理者、优秀骨干教师,亦有新入职的年轻教师,每个教师都带着自己特有的实践经历,也存在着能力差异。分层式培训尊重教师之间存在的差异性,并尽可能地支持与满足教师的不同需求,帮助其成长。

1. 自选菜单

面对课程建设中遇到的具体情况,留下幼儿园请教师列出自己的问题菜单,然后教科室汇总整理出一份具有普遍性的问题菜单再发回给教师,请每一位教师勾选出自己最需要帮助解决的问题,比如"面对幼儿的多个兴趣点难以正确选择适合的项目""找到兴趣点但不会深入推进项目""实施中的项目课程资源未能深入挖掘"等。教科室再次进行汇总并鼓励教师主动认领菜单,成为"烹饪师"来帮助同伴解决问题。个别教师的问题采用一对一助力的方式来解决,多个教师的同一问题则由认领菜单的"烹饪师"来助力,共同探讨,贡献智慧。这种"自选菜单""按需助力""一事一助"的研修方式贯穿在园本课程建设的全过程,这里没有领导、教师的区别,大家都是问题的提出者、经验的贡献者、方法的建议者。

2. 线上研修

小和山幼儿园将集团内三个园区的全体教师分成初级、中级、高级三个组开展线上研修。比如围绕"夯实课程实施 支持深度学习"主题展开的、不同层次的教师从不同视角深度审议大班"趣玩滑溜布"运动主题活动。初级教师聚焦主题实施的"一条行进路",中级教师聚焦主题实施的"一张网络图",高级教师聚焦主题实施的"一个活动优化",大家围绕三个点分别展开线上讨论和交流,为课程园本化实施提供可借鉴的案例和思辨方向。幼儿园还定期组织教师聚焦同一个体育活动视频案例进行线上研修,不同层级的教师分别从"目标制定""环节设计""教学策略"三个维度深入剖析案例,通过案例研修,帮助教师将理论转化为实践,在反思中丰富体育活动设计与组织的经验,不断提升教师实施运动课程的能力。

3. 分层工作坊

在课程建设过程中,不同的教师会遇到不同的困惑和挑战,文苑幼儿园专门成立了三个分层工作坊——"管理人员工作坊""骨干教师工作坊""新教师工作坊"，来突破教师在课程实践中的瓶颈，满足教师的不同成长需求。管理人员工作坊，指的是通过专家引领内化理念，外出学习拓宽视野，讨论思辨明析概念，直面问题多元解决等方式，提升管理人员的课程领导力。骨干教师工作坊，指的是通过自主申报项目，以明确研究视角、师师互助的方式，来解决课程实践过程中的问题，推动课题研究与课程建设的整合实施。新教师工作坊，旨在帮助新教师尽快理解、认同义苑义化，融入文苑集体，适应文苑工作环境，同时，通过持续的跟进式视导，让新教师学习如何组织半日活动，积累有益的教育教学经验，尽快进入园本课程实践中。

二、多形式教研，解决课程实施过程中的真实问题

对于大部分幼儿园来说，自主开发与实施园本课程的过程是十分艰难的，不仅要打破旧观念的束缚，还要把《纲要》《指南》精神转化为教育行为，这个从思想到行动的转变过程如同分娩过程一般痛苦。伴随这种转变，幼儿园管理者、教研负责人需要思考"怎样将先进的教育理念转化为教师的自觉行为""怎样将园本课程研究变成教师自身的需要""怎样帮助教师将日常的教育实践与研究同步""怎样使教研过程有效地支持教师解决在课程实践中遇到的真实问题"等等问题，需要在思想观念、教研方式、研究方式上进行整体调整，重构支持策略。同时，应避免"急功近利"的心理，树立"授之以鱼不如授之以渔"的观念，开展多形式的教研活动来支持教师解决课程开发与实施过程中的诸多问题，通过与教师平等对话、思维碰撞、分享智慧，帮助教师获得主动发展。

（一）构建学习共同体，支持教师先会"走路"再"奔跑"

伴随《纲要》《指南》精神的贯彻落实和课程园本化的实施，新的教育理念和各种教学模式、方法的引进，比如项目教学法、学习故事等，以及教

师自身不同的学习背景和能力，使管理者和教师面临着许多新问题，这些问题仅靠个人的经验难以解决，需要依靠集体团队的力量解决，如在园内组建了各种学习共同体，小和山幼儿园专门组建了"健康联盟研修小组"助力"多趣玩"运动课程建设，支持教师更有效地推进课程园本化实施。

1. 抱团助力

在"多趣玩"运动课程开发建设的初期，虽然幼儿园已制订课程实施方案且帮助教师们进行了解读，但教师们仍难以理解与内化，不知道该如何将"写"的"做"出来。针对这个实际问题，幼儿园向全体教师发出"集结令"，在教师主动报名的基础上遴选出十个人组成"健康联盟研修小组"，冲到课改最前沿，为更多的教师参与课程建设做示范引领。研修小组中有管理者、教研负责人、骨干教师，也有年轻的职初教师。在这个学习共同体中，大家对"多趣玩"运动课程的认知都是零起点，大家平等对话、共同探讨、贡献智慧、相互学习，形成研究的合力，最大化地发挥团队效益。

2. 梯度推进

该园基于教师们对"多趣玩"运动课程普遍缺乏实践经验的客观问题，放慢课改的脚步，采用分层梯度推进的方式，一步一个脚印扎实开展课程实践。从2015学年第二学期起，在"健康联盟研修小组"的带领下，课程建设经历了一学期指导一个试点班先行的初探期、一学期三个年级组长所在班跟进的摸索期、一学期五个主动报名班参与的推进期、一学期全园11个班都实施的普及期等阶段。历经整整四个学期，全体教师才初步认识了"多趣玩"运动课程，并积累了一定的实践经验。之后，在反思总结的基础上继续全面推进，以优促优，不断丰富课程资源。这种循序渐进的方式，使得研修团队有更多的精力帮助教师共同解决实践中的问题，教研不再浮于表面而能真正下沉落地，更好地服务于课程建设。

3. 结对帮扶

当教师们对"多趣玩"运动课程有了初步的认知和实践经验后，各班开始进入全面推进课程园本化实施的阶段，该园考虑到各班教师能力存在差异的现实情况，继续发挥"健康联盟研修小组"的力量，采用研修小组成员与班级结对的方式，参与并帮助各班开发与实施运动课程。比如，预设运动主题内容及主题展开网络图、开展过程性主题审议、研讨具体的某个半日活动、组织一次与主题相关的展示活动、发布一篇课程故事微信稿等等，让教师对"自主开发课程"这件事情不再感到"担心害怕""孤独无力"。正所谓"众人拾柴火焰高""三个臭皮匠顶个诸葛亮"，在团队力量的支持下，该园的"多趣玩"运动课程建设越来越有成效，时至今日，教师们已然学会了独立"行走"并且开始"奔跑"，冲到课改的前列。

（二）深入开展主题审议，支持教师先会"预设"再"生成"

教育是一项复杂的活动，它需要教师在活动前做出周密的计划，也就是对教学活动做出预设方案。活动预设是教师发挥组织引领作用的重要保证，没有充分的、开放的预设，就没有精彩而有价值的生成。主题审议是幼儿园课程开发的重要环节，是幼儿园课程理念澄清、分享、重构的过程，是课程问题得以解决的过程，也是课程预设与生发的过程。西湖区倡导的"本源性主题审议"更强调其审议的价值判断立场——儿童立场。带着本源性的思考去"处理教材"就需要教师从教育最根本的出发点和归结点去研读、审视课程方案，为课程的有效实施寻找依据，而这一出发点和归结点即为儿童的发展。下面以留下幼儿园教研组支持小二班开展"野趣"项目活动为例，阐述如何基于儿童立场开展主题前审议，支持教师先学会"预设"。

背景：在教师们学习了书籍《小小探索家——幼儿教育中的项目课程教学》，对"项目活动""网式提纲"等有了初步的理论认知之后，教研组让教师们也尝试着画一画网式提纲，看看教师在学习理论之后是否可以联系实际，真正理解网式提纲在项目启动阶段的作用。一次教研结束，管理层布置了一个作业：请各班根据幼儿的兴趣在园内某一个户外场域开展"野趣基地"项目活动，主题不限。同时规定项目实施之前，先预设项目活动网式提纲上交教研组进行审议。

案例 2-4-1　　**小二班项目活动预设"网式提纲"的三次审议**

第一次预设 —— 教师主导，心中无儿童

小二班的两位老师讨论之后，选择了在"网坡"开展项目活动并绘制了一张网式提纲（见下图）。教研组收到各班上交的网式提纲之后，让教师反思两个问题。"场地的选择是老师觉得这里好玩，还是依据本班幼儿的兴趣？""孩子们为什么喜欢这个场地？他们平时爱玩什么游戏？"经过这一次研讨，小二班的老师意识到，预设主题应基于儿童立场，追随儿童真实的兴趣，而不应是老师"自己觉得行"就行。于是，老师经常带着小朋友去"网坡"玩，他们打算先观察孩子们的游戏，发现兴趣点之后再思考可以生成什么有意义的项目。

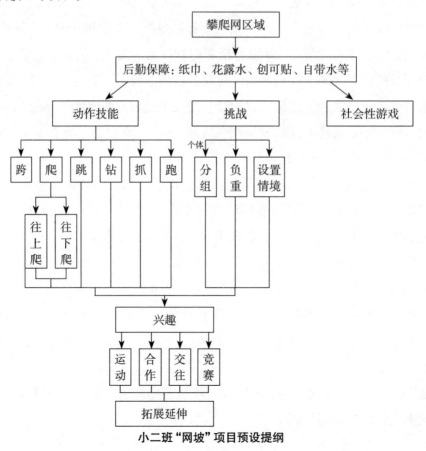

小二班"网坡"项目预设提纲

第二次预设 —— 儿童喜欢就行，活动缺乏深度

一段时间之后，老师发现孩子们都特别喜欢捡树叶等自然物，并用自然物代替"青菜"等，爱玩"买菜卖菜"游戏。于是，两位老师讨论之后重新预设，编织了"买菜"项目网式提纲（见下图）交给教研组。这一次教研中，教研组长又提出几个问题。"项目的产生是少数儿童的即时兴趣，还是较多儿童的共同兴趣？""项目活动展开的线索是什么？为什么这样预设？""网式提纲中的内容是老师列的，还是幼儿共同参与的？"研讨之后，小二班的老师发现虽然孩子们都喜欢"买菜"项目，但整个活动只是把角色游戏从室内搬到了户外，并没有深度挖掘"网坡"这个场地资源背后可能隐藏的教育价值，项目展开的线索有些乱。

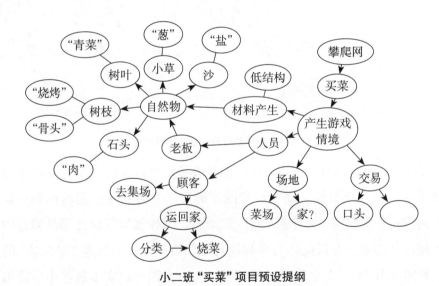

小二班"买菜"项目预设提纲

第三次预设 —— 深入观察并讨论，师幼共同编制网络图

连续好几天，小二班一群小朋友轮番蹲在一棵枯树边上玩。起初老师以为他们在玩烧菜游戏，仔细观察之后，发现小朋友围着一个大树洞用手把树枝等自然物往里放，有小朋友说，放了好几天也没放满，其他几个看过树洞的孩子则在场地的其他地方寻找洞。回到班里，老师组织孩子们围绕"洞"的

话题进行讨论，发现孩子们对"洞"非常感兴趣，老师把和孩子们的讨论内容用网式提纲记录了下来（见下图），经过教研讨论思辨，最终预设了"洞洞的世界"项目并优化网式提纲，计划后期启动实施。

洞洞里的世界

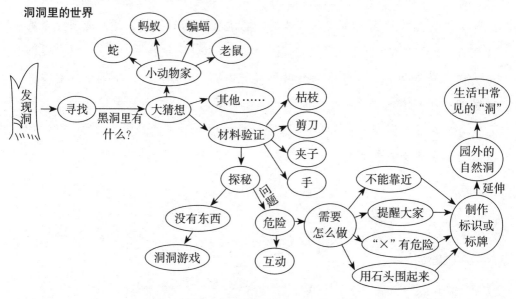

小二班"洞洞的世界"项目预设提纲

经验：主题实施前的审议，我们倡导教师始终以课程意识为支撑来考量主题活动中每一个具体活动所承载的发展目标、对儿童经验的拓展点和发展的挑战点，即思考"为什么要学"的问题。引导教师理解儿童经验建构的基本规律和特点，并以此作为课程执行的脉络线索，即思考"怎么学"的问题。教师学习"预设"主题网络提纲可以应对主题组织实施过程中可能出现的问题，为主题实施过程中"生成"更有价值的活动做充分准备。

（三）跟踪式课程视导，支持教师先会"反思"再"优化"

预设一个适宜的课程方案是基础，有的放矢地组织与实施课程则是关键。如果教师不懂观察、解读儿童，不懂灵活变通，只会"照本宣科"地实施主题方案，那么，就难以将课程理念真正落实到行动中。为此，教研应加强与日常实践的紧密联系，把视角投向教育教学中的寻常时刻，探究真实情境中的问题，解决教师在课程实践中的真困惑。我们应开展各种方式的教研，支持教师学会观察、分析、反思，进而再提出适宜的优化方案，帮助教师逐渐转变课程观念、提高课程实施能力。比如，小和山幼儿园在实施"多趣玩"运动课程的过程中，教研组采用全程跟踪式视导，及时发现教师们在实践中遇到的问题并进行多种形式的研修。

1. 基于个性问题开展诊断式研讨

每当一个班组织实施自主开发的主题课程时，该园教研组都会组织空班教师一起去视导至少一个半日活动。视导前，教研组会发给视导人员不同的观察记录表，明确每人"记录什么""怎么记录"。视导中，视导人员不仅做好笔头记录，还根据需要进行拍照、录像。视导后，教研负责人会在当天中午及时组织视导人员及被视导班级的两位教师展开研讨，对半日活动实践情况进行反思评价，通过回顾情境、发现问题、反思原因，共同讨论下一步优化方案。这种针对一个班级课程实施情况进行的"观察—诊断—开方"的研讨，可以避免"萝卜炖萝卜还是萝卜"的问题，更好地发挥团队的智慧力量。

2. 基于普遍问题开展案例式研讨

多次组织开展上述半日活动视导之后，教研负责人会把教师们在课程实践中存在的具有普遍意义的或比较典型的困惑问题作为案例，组织全体教师围绕案例进行研讨。为了更好地呈现案例，有时也会将案例相关的照片或视频进行深加工制作（剪辑、配文等）后，提前发给教师，同时预设几个研讨的话题，让教师在研讨之前先对案例进行分析思考。这种有准备的案例式研讨，可以避免因现场观察、解读案例和思考问题而造成的时间浪费，教师有充足的时间在研讨前进行自主学习，或查找相关理论，或思考解决问题的方法，这有助于在有限的教研时间内集中问题供教师进行深入讨论，有效解决课程实施中的典型问题。

3. 基于困惑问题开展辩论式研讨

当各班组织实施生成课程一段时间之后，老师们经常会提出同一个困惑——这个项目要不要结束？有时，班上两位老师各抒己见，争论不下，主动来寻求年级教研组支持。这时，年级组长不仅会组织本组教师参与到这个话题的讨论中，还会向其他组教师发出邀请，让有兴趣的教师也参与进来，大家共同展开辩论式研讨。比如，大一班"趣玩滚筒"项目已实施三周，老师们听班主任介绍课程实施情况之后，有的认为"可以结束项目，让感兴趣的幼儿可以在日常晨间锻炼中自主选择滚筒并游戏"，有的认为"基于孩子们喜欢面对面对推滚筒的对抗性游戏，可以引发幼儿了解'世界大力士冠军赛'体育知识，探究更多种搬动滚筒的方法，比一比谁的力气大，组织一次班级大力士比赛"，……在激烈的辩论之后，大家最终达成共识：先让孩子们观看一场"世界大力士冠军赛"视频，再根据孩子们的兴趣和意愿来决定后续的活动。这种辩论式教研，没有讲授者只有倾听者，没有评价者只有质疑者，没有要求者只有建议者，大家聚焦一个问题展开深入讨论，在观点碰撞中进一步树立正确观念，更好地将理论与实践相结合。越辩越清晰的教研模式，使教师获得新知识，有效解决实践中存在的困惑与问题。

三、个性化展示，让教师所有的努力都"被看见"

在幼儿园全面推进课程改革的浪潮中，作为课程建设主力军的教师们，肯定会存在不同程度的压力，因此，他们在课改过程中的表现也各不相同——有的退缩、有的被动、有的简单应付、有的主动参与等。面对这些问题，管理者们基于马斯洛需求层次理论，深入探索激励教师积极参与课程建设的支持策略，搭建各种展示平台，让教师所有的努力都能"被看见""被认可""被尊重"，帮助教师树立信心、提高自信，激励教师扬长避短、以优促优。

（一）物化成果，丰富课程资源库

园本课程建设是一个动态的过程，一个"实践—反思—再实践"周而复始的循环过程。它既不能一蹴而就，也不该是停滞不前的。因此，积累、整理相关的课程资料非常重要，如主题方案、项目日志、课程案例、相关照片与视频等都需要存档保存。这些资料经过整理之后呈现，既可以丰富幼儿园课程资源库，供教师们自主选用，也可以在第二轮的实践中加以优化与完善，有力推动课程建设的物化成果多样态呈现。

1. 支持教师多样态地呈现课程案例

我们鼓励幼儿园将课程孵化的阶段性成果进行梳理、沉淀、提升，将实践成果进行固定。比如，留下幼儿园教师将自己班实施过的"野趣"课程案例编印成图文册分发给每个孩子，还投放在班级语言区供孩子们自主阅读。又如，文新幼儿园的教师和孩子们一起手绘，制作了《地铁，你好！》《移门不见了》等20多本手绘版课程故事书（见下图），并在大厅进行展示、陈列，与更多人分享。再比如，闻裕顺幼儿园将园本课程研究成果汇编后出版著作《美诉——走进幼儿心中的美》。还有一些幼儿园采用海报、相册、大绘本、MP4等其他方式记录课程实施的精彩过程，都非常直观地将课程成果加以呈现，以便于资源共享。

"野趣"课程案例图文册

文新幼儿园师幼共创的手绘版课程故事书

2. 支持教师积极向报纸、杂志投稿

课程建设离不开研究工作，当教学与研究相结合、与日常实践相结合时，这样的教研支持才能发挥出更大的效益和作用。比如，留下幼儿园管理者鼓励教师将自己参与课程建设的经验进行梳理，悉心指导教师反复修改相关文章，并积极寻找、联系一些学术平台，帮助教师去投稿。自2018年至今，共有《台阶乐》《玩小车》《把旱溪还给孩子》《林中秋千》《野营》等15篇课程案例被《幼儿教育》《浙江教育报》等杂志、报纸所录用，大大激励了教师参与课程建设的热情和信心。

（二）交流成果，他山之石可攻玉

作为教研管理者，要树立"敢说先于正确"的观念，在设计和组织教研活动时为教师营造平等交流的氛围，积极鼓励教师能放下思想包袱，敢于表达自己的想法和建议。

1. 在交流中"被看见"，收获经验

小和山幼儿园教研组每个学期的期末都会组织一次课程园本化实施"智慧分享会"，每个班级都用PPT形式向全体教师分享自己班在课程实施过程中的经典案例、亮点做法等，并进行积极的互动交流，提炼出优秀经验，共享课改智慧。这种教研方式可以激励教师在日常工作中积极探索与实践，沉下心来开展研究并总结经验，为教师努力的成果都"被看见"搭建了平台，促进了教师在相互交流中自主学习，在寻找差距中收获经验。

2. 在展示中"被认可"，收获成功

为支持教师满足尊重的需要、自我实现的需要，幼儿园积极搭建各种展示平台，让教师有机会展示自己的教学智慧和实践成果。比如，组织开展教学展示观摩、送教下乡、接待参观学习、承办区级及以上教师培训活动等，帮助教师们自信地向幼教同仁们展示教学、游戏，分享课程故事、教育经验等，收获成功带来的职业幸福感。

（三）宣传成果，扩大课程影响力

人们常说：酒香不怕巷子深。但是要知道，如今幼儿园课程可谓是百花齐放、争奇斗艳，数量太多，"酒香"也会越来越淡，如今便是酒香也怕巷子深。在当今竞争日益激烈的社会，要走在行业的前端，就离不开宣传。正确、有效的宣传，可以扩大幼儿园课程品牌影响力，传播课程文化，让教师获得自豪感和归属感，激励其产生参与课程建设的动力。

1. 利用微信公众号宣传课程品牌

如今，西湖区第一、第二批课程孵化幼儿园都已经建立了微信公众号。各幼儿园为了让教师增强自信，及时在公众号上发布理念和行动都具有借鉴意义的课程故事，期待带给教师更多的思考与启发。当这些课程故事被国内知名的幼教微信公众号转发时，能有力地助推幼儿园课程品牌向更广阔的天地传播，意义非凡。比如，小和山幼儿园的"楼梯游戏"课程故事在"幼师口袋"公众号转发，阅读量达到1万以上，带动了小和山幼儿园的"多趣玩"课程品牌走出西湖区，从而扩大了品牌知名度。

2. 借助各种媒介来扩大宣传

当前是信息宣传最好的时代，机遇与挑战并存。在开发园本课程的过程中，课程管理者可以引导教师结合一些社会热门事件、节庆活动等，和幼儿共同关注并生发相关课程，课程实施之后借助媒体加以宣传，为培育课程品牌助力。比如，小和山幼儿园教研组提前指导各年级组预设课程，将园本课程与时下节日、大型活动等相结合，并抓住契机进行宣传。仅2019年，"今日头条"等网络媒体、"浙江少儿频道"等电视媒体《都市快报》等纸质媒体共宣传"多趣玩"课程相关活动的篇数达到50余篇。例如《国际篮球日 萌娃来玩球》《你有你的"杭马"，我有我的"小马"》等等，媒体宣传促使小和山幼儿园"多趣玩"运动课程的"酒香"越来越醇厚。

第五节　园本课程建设的支持与保障

幼儿园课程建设能否得到有效开发与实施，一定程度上取决于课程管理的影响，而课程管理不应仅停留于理念层面，更应具备可操作性，才能保证课程在幼儿园的正常运行。支持与保障，服务于园本课程建设的开发与实施，保证幼儿园课程建设是符合国家、地方所规定的标准和要求的，相反，如果忽视了课程管理中的支持与保障，那么课程在实施中就会出现许多问题。在区域课程孵化推进过程中，我们不断思考目前幼儿园是如何在做课程支持与保障，困难和问题是什么，又如何克服，因此，课程建设中需要一些具体的指导，帮助幼儿园课程得到高效、高质量的实施。

一、园本课程建设需要支持与保障

1. 园本课程开发需要支持

幼儿园课程改革赋予了幼儿园和教师更为广阔、开放、自由的创造空间，因其是一个不断调试的动态过程，所以，对于课程开发的条件与可能性而言，只有获得更多的支持，才能使园本课程建设走向深入。园本课程开发的支持主要指向团队、专业、社会的三大支持系统，即教职工人才建设储备、高等院校资源共享、家园合作协同发展。课程建设的开发不能仅依靠幼儿园单方面资源，家长、学院、社区也是幼儿园可利用的丰富资源，因此要注重学校和家长、社区的伙伴关系，营造课程建设一体的共识。在课程建设开发中，高效的支持可以帮助幼儿园达成课程开发的共同愿景，有助于在园本课程建设中保持其统一性、稳定性和发展性；可以充分发挥幼儿园各组织的职能，将人才培养与课程发展紧密衔接；可以拓展课程的内涵、丰富课程的形态。在缺少经验、无可模仿的情况下进行课程相关领域的探究等，这些都离不开人与资源的支持。支持的方式多样，形式丰富，如成立课程发展委员会，帮助制定课程发展规划；设立项目研究小组，厘清理论和实践范畴，构建课程运作体系，为后续的实施起到先导作用和专业引领作用。

2. 园本课程实施需要保障

在幼儿园课程实施中提供必要的保障是为课程研究的发展服务的，保障应直接指向课程本身，以促进幼儿向更优发展方向发展为导向，坚持以科学方法实施园本课程。园本课程实施的保障，主要指向技术、机制、组织、硬件的四大保障系统，即信息智能技术开发、日常运行机制执行、组织管理体系健全、采购维修硬件配套。在课程实施中，高质量的保障可以为园本课程更好地落地、改善课程实施的路径提供优质的服务；可以为园本课程实施创造更优越的条件；可以让所有教师了解课程实施的全过程，为课程实施进行实时监控管理，保证课程实施的顺利开展。如课程时间的保障，在提供充足时间的情况下，保证课程建设有条不紊地开展，即可以有月、周、日固定的实施时间，也可以有根据课程内容设置的灵动时间；课程经费的保障，采用多种途径保障经费，既有预留的公用经费，也有专项单列的经费，还有一定的奖励经费，来保证教师课程的实施、硬件设备的更新以及基建的配套。

二、三大支持确保园本课程开发水平

1. 团队的支持：教职工人才建设储备

幼儿园园本课程的开发水平，在很大程度上取决于开发者对幼儿园课程理念的准确把握以及课程实践的科学执行，而课程开发者不仅仅来自课程领导者，更来自一线的课程实践者，他们或许是老师，或许是保健医生、保安、食堂工作人员等，因此，教职工人才建设储备是抓好课程建设，促进园本课程内涵发展，提升良好的教学质量和人才培养质量的保障。

案例 2-5-1　　　　　　　　**培养专业人才**

　　申花路幼儿园"创客养成"课程在课程实施中重视专业人才的培养，制定了基于课程实施的教师专业培养策略。一是基于课程的基础保证，即依托教参，对原有课程资源进行主题重构，在项目化过程中形成的基础课程，以及基于STEAM学习的其他项目创生，以此来保证基础课程、发展特色，满足教师的差异发展。二是基于课程实施的支持引领，成立课程先导小组、课程编辑部，主要由园长、业务园长、园区教科研小组和有积极性并有实践能力的教师组成，以此对课程实施中产生的问题进行分析，共同梳理课程项目的实施路径和策略。三是基于课程体验的专项培训，通过项目工作坊，让教师感同身受，并以年级组为项目小组，让小组成员体验一个项目实施的全过程。四是基于课程指导能力的专项考核，有侧重地开展教师指导能力的评价与考核，明确阶段性发展重点和指导重点。五是基于课程反思的交流，每学期至少一次，以此来分享、感悟、梳理、借鉴。六是基于课程深度实践的课题研究，以此来双向推进。如图：

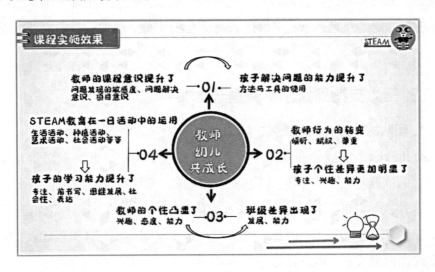

案例 2-5-2 　　　　　　**招聘专职教师**

　　小和山幼儿园"多趣玩"运动课程在课程实施中招聘了2名具有浙江省 E1级足球教练证的男教师作为专职体育教师，由这2名教师轮班进行体育教学活动的组织与开展，同时每周三下午为体弱儿童进行体能训练。同时作为"浙江省足球特色幼儿园"，幼儿园还聘请专业足球教练，对中大班幼儿每周分别进行2—3次的专业指导性训练。

案例 2-5-3 　　　　　　**壮大保育队伍**

　　政苑幼儿园"不完美小孩"课程在课程实施中将保育员作为幼儿园课程建设中的重要部分。幼儿园为保育员搭建平台，让她们了解课程，配合教师更好地推动课程的开展，如幼儿园环境部分的建设。在幼儿园课程改革中，保育员从不敢介入到敢于介入指导，和老师一样开始有了更多倾听，她们也会和孩子聊天："说说你在想什么。"保育员队伍在课程实施中有了自己的角色和定位。

　　从以上案例可以看出，课程开发与实施离不开人，只有储备好了保教保育的人才，才能使课程开发与实施的质量得到有效保障。

2. 专业的支持：高等院校资源共享

　　幼儿园园本课程开发对一般幼儿园来说有一定难度，特别是专业领域比较强的课程，它既需要有足够的课程理论、一些必要的硬件设备，也要对课程质量实施监控，如有高等院校资源的共享就可以很好地解决这个困难。院园合作等方式可以有效提升课程质量，将此作为优势服务于课程。

案例 2-5-4 　　　　　　**院园合作项目签订**

　　枫华府第幼儿园在原有绘本、社会性教育活动特色课程研究基础上，形成了"榜样共情"社会性体验课程。其与浙江师范大学签订合作项目，为幼儿园定制了基于园本动画IP的全媒体课程建设方案，通过创作园本动画IP全媒体教学内容、组织教研和师资培训等方式提升幼儿园动画IP渗透教学的水平，指导教师进行全媒体课程脚本内容的修改与协调推进工作。又如紫荆幼儿园"微戏剧"游戏课程，与浙江大学教育系、杭州师范大学、浙师大杭州幼儿师范学院等建立了合作发展关系，从理念引领、实践操作方面给予幼儿园强有力的指导。除此之外，课程还需教师拥有戏剧表演方面的专业经验，因此，在开展越剧项目课程的过程中，幼儿园与浙江小百花越剧院建立教学实践点，让课程实践更显专业底气。

综上所述，专业的支持是园本课程开发与实施的关键，它不仅包括专业力量的技术支持，还包括相关现实环境的支持。

3. 社会的支持：家园合作协同发展

幼儿园园本课程的开发，不仅是幼儿园的事，也是社区、家庭的事。家长与孩子在日常生活中的陪伴、本身具备的优势资源等显性和隐性的教育资源，都会给课程带来意想不到的惊喜，家园形成教育合力，可以丰富幼儿园活动，创新活动视角和课程模式，为幼儿全面发展服务。因此，家园合作、协同发展，能在许多方面支持幼儿园园本课程的开发。

案例 2-5-5　　　　　　　**传播地域民俗特色文化**

蒋村花园幼儿园"西溪棒伢儿"课程能顺利开发，很大程度上取决于家长是土生土长的西溪蒋村人，他们对西溪民俗有着比教师更为深入的了解与体会，甚至有的家长本就是西溪民俗节日和非物质文化遗产项目的重要参与者，如有些孩子的爸爸在蒋村龙舟赛中担任划桨手，还有一位奶奶是国家级非物质文化遗产项目"小花篮"的继承人。这些家长关心教育，愿意主动参与到幼儿园各项活动中，为课程研究与实践活动贡献自己的力量。因此，蒋村花园幼儿园就基于本地家长资源，通过建立家长资源库、开设家长特色助教活动、开展亲子民俗运动会、召开专项家长委员会议、组织"爸爸＆龙舟"赛等多种方式，实现了幼儿园与家庭的双向互动，促进幼儿成为有力、有爱、有能、有根的"西溪棒伢儿"。

案例 2-5-6　　凸显家庭角色榜样作用

山水幼儿园"和美"课程的开发关注家长群体的四团共建，把家长志愿团细化成"妈妈故事团、爸爸科探（体能）团、奶奶（外婆）传统团和爷爷（外公）种植团"，四团有具体参与对象，也有具体活动开展内容。参与活动的家长需要进行备课并在活动结束后小结反思。通过不断实践，四团的力量不断壮大，其教学内容不仅是对课程内容的很好补充，也给老师带来不同视角的思考。如职业是小学体育教师的爸爸，来教孩子们跳绳、拍球，其专业的教学组织，让老师不禁感叹：术业有专攻，自己需要不断提升专业水平。

案例 2-5-7　　亲身经历课程，体验幸福

文一街幼儿园"幸福种子"课程不仅要引导家长参与到课程建设中，同时也要引导家长能看到、理解、肯定教师在实施课程中付出的努力，让教师时常有被家长认同和肯定的幸福体验。为此，幼儿园以开展"幸福教师"评选活动为载体，让家长撰写关于教师的"故事"，并在手机 App 上分享。幼儿园在 2018 年收到 312 篇"故事"，2019 年收到 432 篇，文字虽朴实，故事虽平凡，却如滚滚的幸福洪流，感动了所有教职员工。如中三班淘淘妈妈曾写过一篇《真的要感谢您，老师》，文中写道："本学期淘淘小朋友有幸转入文一街中三班，近两个月来，我和他爸爸每每提起，感到十分幸运！""家长"App 上朱老师发表了"淘淘的桥"的学习故事，讲述淘淘在户外轮胎自主建构活动中，如何结合"桥这一家子"主题，搭建各种各样的桥。朱老师发现并记录下淘淘在游戏中表现出的专注、坚持、谦让以及解决问题的能力。家园间慢慢建立起

一种彼此看到、互相欣赏的关系，营造了有幸福味的教育生态，而这也是实施"幸福种子"课程过程中最具温暖的力量。

社会与家长的支持，是园本课程开发与实施的重要保障，其中家长支持又格外重要，只有充分发挥家长的积极性，让其投身于园本课程开发中，才更有利于增加课程的深度与厚度。

三、四大保障提升园本课程实施质量

1. 技术的保障：信息智能技术开发

评价幼儿园课程实施的质量水平很多时候需要对大数据进行比对，只有这样，才能科学知晓质量水平，并为接下来的课程实施提供可借鉴的依据。现代科学技术的发展改变了教师花大量精力开展活动而没时间对孩子进行更细致的观察的情况。在智慧校园普及的今天，信息技术影响到课程的方方面面，移动智能终端和数据系统成为许多幼儿园提升课程质量的重要法宝。

案例 2-5-8　　　　　智能记录、分析数据系统

名苑幼儿园为保障"学会选择"课程实施的有效性、提升幼儿自主选择能力，提供支持教师观察、记录、分析幼儿活动的移动智能设备系统。每名幼儿佩戴智能手表参与选择日的游戏活动，系统可及时获取幼儿选择区域、游戏时长、运动强度等信息，配套移动摄录系统同步采集活动视频，在后台实现数据记录。对视频、音频等进行动态采集与分类后，将相关数据及时发送至每个班级配备的 iPad 中，教师可随时随地获取班级及幼儿信息。移动智能终端和数据系统成为深化教师观察评价的有力助手：能帮助收集活动全方位资料；能借助人脸识别功能自动生成人物智能分类，在后台数据库实现自动化个案追踪；能根据照片时间属性自动生成时光轴照片，教师可调出两个不同时间作品集，快速找到作品分析解读；能高效、快速地搜索、查阅资料，帮助教师对幼儿兴趣、需求及发展水平等情况进行评估，使得资源选用有明确的方向；能获取幼儿运动能力蛛网图、活动情况图表等形象化数据，让教师全面、理性思考和评价，为幼儿园课程实施提供最佳的科学依据。

技术可以促进课程开发与实施，确保课程的质量，有了技术的支持，园本课程开发与实施更有价值。

2. 机制的保障：日常运行机制执行

幼儿园园本课程的实施是在一日生活中常态运作的，需要建立科学、持续的运行机制来确保课程实施每一环节能正常运作，在活动中验证其合理性，因此，要充分发挥每位教职工的主人翁精神，针对具体问题，具体分析，共同解决执行中的问题，从而提升课程实施的质量。

案例 2-5-9　　　　　**课程发展研究运行机制**

文新幼儿园在小公民课程建设与实施过程中建立课程发展研究运行机制，包含开发审议制度，即在每个主题实施时要进行课程"前"审议、课程"中"审议、课程"后"审议，年级组与教师根据教材和幼儿情况筛选主题，从主题目标、区角设置、教学内容的筛选与补充、家长社区资源的利用、环境预设等方面进行深入的研讨，在实施过程中发挥集体智慧、做到资源共享，及时调整、优化课程实施过程；课程反馈调整制度，即定期组织核心成员观摩教学游戏活动，根据当前的研究重点了解教师实践中的问题与需求，协商解决问题的途径和方法，共同分享课程进程中的新发现，围绕课程实施方案的执行情况，由组长汇报课程实施阶段性分析，采用规划空间、购买材料等方法解决硬件设施环境方面的问题，采用现场答疑、专题辅导等方式解决教育理念方法等问题，实现课程的不断推进；课程定期评价制度，即通过教育环境创设、设计组织教学游戏活动、教师游戏观察记录、师幼互动、反思分析等衡量教师专业素养及实践能力，评估分析教师的专业水平，提高教师课程实施的反思、自省能力，增强教师课程第一责任人的意识。

园本课程开发与实施的主力军是教师，而教师的课程开发力与执行力需要机制保障，只有调动教师的积极性，课程开发才有了生命力。

3.组织的保障：管理组织体系健全

幼儿园园本课程实施的质量与课程领导力、执行力有很大的关联，落实好园本课程管理，建立健全制度，可以使人人各司其职。一个课程的组织管理体系健全与否，关系着课程质量是否能够有足够的保证。

案例 2-5-10 　　**构建课程实施管理网络**

三墩中心幼儿园"童言兰里"课程管理团队，是合作、互联的课程管理组织，构建了以课程管理决策层为核心，课程设置、实施、监测评价和资源保障四位一体，跨部门互动循环式课程实施管理网络。该管理网络在团队合作中追求支持幼儿多元表达的课程愿景，注重多方对话和双向开放，注重氛围和能

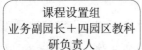

课程设置组
业务副园长＋四园区教科研负责人

*负责课程的调研与开发
*协助制订课程方案
*动态调整每学期课程内容与结构
*开展课程方案解读培训

课程核心小组
园长＋业务副园长＋教科室主任

在课程发展、改革实施、完善过程中，发挥顶层设计作用，统领课程编制、实施、监督等工作

课程实施组
师训组＋教研组长＋家庭教育组＋园区负责人

*负责课程师训工作
*主题审议工作
*严格执行课程计划
*以教研组为单位，反馈实践意见与建议

监测评价组
业务副园长＋教科室主任＋师训组＋园区负责人

*对课程进行监督和评价
*设计与实施评价活动
*组织评价方案
*提出意见建议

资源保障组
教科室主任＋后勤部门

*建设课程资源库
*对课程资源整理配备到班、到人
*为各类课程活动提供保障
*课程支持的设备保障

力迁移,课程的实施和运作与民主的课程管理实践课程价值观统一。在管理网络中,园长除行政管理的传统职能外,在课程管理系统中担任课程领导角色,直接参与课程的审议与讨论工作;课程核心小组是课程开发和调整第一责任部门,负责对课程方案进行调整,并传递到课程实施的各个层面。

案例 2-5-11　　　　　**课程组织管理的可视化**

　　留下幼儿园"野趣"课程组织管理可视化特点凸显,其中有管理站位的可视——庭院游戏管理点位规划定位,庭院游戏以色彩点定位教师"安全管理站位点"、幼儿休息补水"保育护理点"等关键点,采用不同颜色的点在环境中标识位置,方便教师清楚自身站位与管理位置,方便幼儿洗手清洁、存放物品等;游戏过程的可视——"我的庭院游戏本",给每个孩子配"我的庭院游戏本",每个班采用不同颜色,教师能很方便知道是哪个班的孩子,并将幼儿园标志小鸟图案作为庭院游戏贴纸,当幼儿进入某区域游戏后,会得到相应小鸟贴纸,教师可根据贴纸情况了解孩子本次游戏参与情况;游戏评估的可视——冷热榜与路径图,总体评估是每次"庭院游戏"结束后,教师将幼儿获得小鸟贴纸情况通过手机上报后台,问卷星系统便会形成本次游戏中幼儿参与各游戏区排行榜情况,提供给教师各游戏参与冷热度反馈,便于教师反思。采样评估是游戏前随机抽取一个学号,拥有该学号的幼儿为幸运儿,并带上身份标识,当幼儿进入区域后,管理老师会在游戏本上记录其进入和离开时间。游戏结束,教师将活动情况记录成路径图,作为监测、分析游戏的原始资料。幼儿园还引入智能手环辅助信息采集,供教师了解幼儿参与各区域持续时间和游玩情况。

　　园本课程开发与实施需要管理,而这些管理离不开组织的保障,尤其通过不断的调控,使实施更有质量。

4.硬件的保障：采购维修硬件配套

幼儿园园本课程实施中常需要一些硬件设备的投入，以及大环境的支持，这就需要幼儿园统筹规划好预算，根据当地财政拨付的具体情况进行科学的计划，力争把每一分钱用在刀刃上，这就是课程实施中的硬件配套。

 案例 2-5-12　　　　　　**打造多元的外部环境**

闻裕顺幼儿园"美诉"课程实施需要打造可以提供给儿童自由表达的环境，在环境创设方面，其硬环境围绕"两带两有"课程育人总目标，以对"诉（表达）"的支持为核心理念来创建，在呈现形式上下功夫，给教师和幼儿呈现环境的自然天性、自由灵性和自在创造性。幼儿园创设藏宝格等各种隐蔽小角落，促发幼儿在社会交往中的表达行为；大面积使用各类涂鸦墙，支持幼儿对认知、情感的自由表达；拓展飘窗功能，为幼儿提供对多空间利用感知和创意表达的机会；大规模使用光板钢板和洞洞板，给予教师和幼儿可变化环境支持，也为他们创造性表达提供了更多可能。如图：

| 促进社会交往表达的藏宝格 | 支持随时、随处表达的涂鸦墙 | 支持多空间利用和创意表达的窗台 | 可随意变化的、支持创造性表达的墙面 |

案例 2-5-13　　　　　　**定制功能强大的专用室**

象山幼儿园为保障"五象创享"课程实施的效度，让老师们更有计划地组织五象创享课程，便针对每类课程内容，具体安排了专用室场地的使用。其中在专项活动常态推进中，幼儿园采用了定向、定班的形式，而在拓展活动常态和生成活动常态的推进中，幼儿园又采用专用室的预约模式，每周五教科室根据各班对专用室预约的情况进行统一调配，使专用教室不再成为无人问津的闲置场，而能在课程实施中发挥极为重要的资源价值作用。如图：

新奇陶玩

创意沙画

绘本悦演

立体彩绘

案例 2-5-14　　打造幼儿喜爱的游戏场

新城幼儿园"小树林"课程中的游戏场，围绕儿童年龄特点和学习特征来打造适宜幼儿探究、表达的游戏场景。这里有依树而建的孩子们喜爱的BBQ树屋和可爱的喷泉小池塘；有孩子们最喜爱的300平方米大沙池和充满奇幻色彩的管家小屋；有可以走迷宫、捉迷藏，还是一个大型生态探究基地的健康小道；有刚更新的给予幼儿充分想象和思考的大型玩具，它可以是一辆旅行火车，也可以是一座勇敢者山洞，还可以是一个好吃好玩的民宿。"小树林"游戏场给予教师和幼儿无限想象和可能，在这里总是有着那么多的欢笑、创想和探究。如图：

天生一对的童话门头

生机勃勃的喷泉小池塘

充满奇幻的管家小屋

贴近自然的趣味木工坊

除此之外，课程实施中还有许多因课程进度而需要提前关注的现象，要采用多种方式予以保障。如饲养、种植等结果的呈现就需要一定的时间，所以通过采用课程管理中的提前策划方式，才能有效保障课程资源的利用时效，支持课程建设的顺利进行。如7月初，闻裕顺幼儿园在新学期课程内容审议时，大班年级组预设10月开展"向日葵"主题活动，课程管理团队马上着手谋划，利用家长资源优势，暑假期间在植物园内培育了一批向日葵苗，8月下旬安排人员移植到幼儿园种植区，为孩子们打造了欣欣向荣的向日葵园，为老师们后期的课程实施提供了充分保障。

总之，园本课程的开发与实施离不开多方力量的支持，更离不开来自教育行政部门等各方面的保障。从支持的维度看，需要团队的支持，即聚各方面的人才共同提高课程开发力；专业的支持，即依托高等院校、教科研资源来有效提升课程开发的专业力；社会的支持，即充分利用社会及家长的显性和隐性的教育资源形成教育合力。从保障的维度看，需要技术的保障，即提高信息技术的水平以确保课程开发的前瞻性；机制的保障，即创新日常运行机制来提升课程实施的有效性；组织的保障，即建立有效的管理组织体系使园本课程管理高端化；硬件的保障，即采购与之配套的硬件设施确保课程开发与实施的延续性。一句话，有价值的园本课程开发与实施，既需要有效的支持，更需要精准的保障。

第六节　园本课程的质量反馈和评价

幼儿园课程质量反馈和评价是幼儿教育工作的重要组成部分。浙江省推出的《关于全面推进幼儿园课程改革的指导意见》中提出:"(课程评价应)聚焦课程支持每名幼儿学习与发展的有效性,通过诊断性、发展性评估,推动课程质量的可持续提升。……通过对评价信息的分析,全面诊断问题,制订和实施课程改进方案,促进课程质量全面提升。"区域课程改革后,教师拥有了创设课程的权利。这种变化在给予教师施展空间的同时,也会因为教师个人能力的差异影响课程实施的质量。因此,对于教研团队和管理者而言,如何提高教师课程质量意识和自我监控反馈的能力,帮助教师在放权和调控中找到平衡,进而为课程方向和质量把关,是亟待思考的问题。

一、园本课程质量反馈和评价的意义

厘清幼儿园课程质量反馈和评价的内涵,了解园本课程质量反馈和评价的重要性,对于推动幼儿园课程评价实践工作,具有非常重要的意义。

园本课程质量反馈和评价是一种以幼儿园课程为评价对象的特殊的认识活动,它是针对幼儿园课程的特点和组成要素,收集相关信息,对幼儿园课程的价值、适宜性、效益做出判断的过程。

质量反馈是一种内在管理的措施,是伴随着评价促进教师成长和可持续发展的一系列措施所形成的反馈体系,以此获取全面的基础数据资料。

课程评价是外在评价,使用反馈获取的基础资料,以儿童发展为视角进行多元评价。一是持续促进幼儿发展的幼儿发展评价;二是支持教师专业发展的教师评价;三是帮助幼儿园不断完善课程方案与实施过程的课程评价。

二、多主体的园本课程质量反馈

质量反馈包括两方面：一是基于自我反思与评价指标体系和操作指引，教师对课程实施行为进行自主的学习、实施、评价和改进；二是管理者建立机制，搭建平台，支持和促进教师课程实施行为改善的过程。

（一）教师在课程质量反馈中的定位

1. 教师是课程质量反馈的必然主体

传统的质量反馈或管理，都是通过他评监督的模式，管理者往往只能看到活动实施情况，而这个活动可能是集大家之力"精雕细琢"的，不能代表教师真实的水平。事实上，他评的反馈机制无法真正把握活动的真实质量，更不用说去反馈和管理整个课程的质量了。管理者不可能有大量的时间与精力去实施这样的质量反馈。

因此，课程质量反馈中的主体必然还是教师自己。但在这个过程中，领导者需要带动所有教师一同研讨质量价值观、课程实施的方法。只有教师掌握了课程实施的要点，明确了专业发展的方向，才有可能随时随地去改善活动质量，进而提高整体的课程质量。

2. 教师是课程质量的直接把控者

教师是课程实施质量的直接负责人，在课程质量反馈中，调动起教师的积极性是非常重要的。在管理中，要尊重教师的心态和发展差异，允许教师在同样的评价指标体系中用不同方式体现自己的课程实施能力；努力在审议中提高教师对课程质量反馈的认同，为深入研究奠定基础；突出强调评价体系是以自我评价为主体，尊重教师的自主发展。

（二）课程实施质量反馈中的三个主体

在课程实施质量反馈中有三个非常重要的主体，分别是教师主体、教研组主体和管理者主体。

1. 教师主体

教师需要开展自我反馈，即参照评价标准，对自己目前的课程实施水平进行自我反馈，这种自评不是针对某一个活动，而是针对一段时间内保持得比较稳定的课程实施水平。自评完成后，教师可以根据自评的结果分析本学期重点可以发展的项目，并依据个人发展计划，对照评价标准，结合幼儿园的相关培训活动和日常、随机小范围的研讨进行学习实践，以提升自己的专业水平。在这期间，教师还需要自主申报他评时间，这是管理者进行课程实施质量反馈的重要环节。通过自评和他评的结果和反馈，教师可以意识到课程实施过程中自身的问题并及时予以调整。

2. 教研组主体

教研组是推动课程实施质量提升的重要主体，由骨干教师组成。教研组根据教师的质量反馈情况制定重点研修内容，进行组内研讨，通过园本培训、园本教研等形式组织全体教师研究、学习和实施园本课程方案。

教研的内容可分成两类，一类是指向幼儿的教师质量反馈，包括客观忠实记录分析、掌握幼儿发展规律、分析幼儿个体差异、针对性支持策略；一类是指向课程实施的教研组质量反馈，包括分析课程内部逻辑、分析既有活动经验、分析课程资源价值、确定课程实施路径。通过教师自身和教研组双线推进的质量反馈流程，帮助教师理解评价体系的意义以及运作方式，便于教师按图索骥，找到自己所需要的资源。另外教研组层面可以根据教师的课程实施路径，开展与之匹配的教研活动，给教师以相应的帮助。

3. 管理者主体

管理者主体反馈是幼儿园课程质量保障的关键因素，管理者们要深入课程实践，直接参与对课程的审议和讨论，经常与教师互动。在对课程实施的实际调研中了解、反思幼儿园课程的编制、实施和管理，把握课程管理的方向，善于分析本园的培训资源，包括全园共性需求培训、个别需求分享培训和固定培训，支持教师课程实施质量的提高。另外，在整个课程管理组织架构和管理机制的建设上，管理者主体的引领职责必须同样清晰。

三、对园本课程实施的评价

幼儿园开展课程评价，目的是促进发展，即促进幼儿发展、促进教师发展、促进本园课程在正确的方向上和实施的有效性上有所发展。因此，课程评价的功能主要体现在对幼儿园课程实施的反馈、调节和改善等方面。课程评价作为一种价值判断的过程，是需要建立在全面的、客观的信息基础上的，多渠道收集评价的信息成为开展课程评价的重要前提，也唯有如此，才能通过评价，全方位发现、诊断出幼儿园课程实施中的问题，并加以改进与完善，实现评价的发展性功能。

（一）幼儿发展评价

幼儿发展评价是将幼儿发展评价指标与内容渗透在幼儿园的生活活动、学习活动、运动和游戏活动等教育活动中，由班级教师在各类教育活动情境中收集幼儿的各种表现，并对其表现进行分析汇总，从而判断幼儿的发展水平，进而调整日常课程和教学决策，最终达到促进幼儿发展的目的。因此，在进行幼儿发展评价时应注意以下几点：

1.幼儿发展评价要在幼儿园日常活动情境中进行。幼儿发展评价需紧密结合幼儿园的各类教育活动以及日常活动的真实情境展开，可使幼儿在真实情境中通过参与活动、操作探究、完成任务来自然表现出自身的发展水平和能力。因此，教师在评价幼儿发展时，要紧密结合和充分利用幼儿园各类教育活动的真实情境。教师不仅要在常态化的自然情景中收集信息评价幼儿，而且还要善于创设与课程耦合（耦合是指幼儿发展评价内容无法直接嵌入日常课程活动时，教师需要根据评价内容寻找评价与课程的人为连接点，结合课程有目的地提供专门的材料、物品，设计相应的活动情景引发幼儿的实际表现）的情境来收集幼儿的表现并对其表现进行评价。

2.幼儿发展评价的指标和内容要涵盖幼儿发展的各个领域。教师要善于运用多种评价方法，收集幼儿各领域的发展信息。在评价指标与内容上，根据《指南》和幼儿园课程目标，嵌入课程的幼儿发展评价指标所包含的内容不只是单一的知识与技能，还包括幼儿的情感、态度、社会性等等方面的发展内容。同时，幼儿发展评价从生活活动、学习活动、游戏活动和运动等多种活动来了解幼儿的发展状况，避免了对幼儿的片面认识。为了从各类活动中更全面地收集幼儿各领域发展的信息，幼儿发展评价需要教师采用多种评价方法、借助各种评价载体展开。

3.幼儿发展评价要关注幼儿连续性的活动过程，淡化对幼儿发展评价结果的追求。幼儿发展评价将评价看作幼儿园教育活动的重要组成部分，二者紧密联系，评价贯穿于整个幼儿园教育活动过程的始终，而不是只进行一次终结性评价。幼儿发展评价的目的不是对幼儿划分等级、横向比较，而是关注个体的纵向发展。在收集幼儿某一方面的发展信息时，不是一次就能判断幼儿在这一方面的能力，而是要通过多次收集幼儿的各种表现信息，最终才能作出更为真实、科学的判断。所以，幼儿发展评价要伴随整个活动过程行进，持续记录幼儿在活动过程中的表现，从而获得更为真实、可靠的评价资料。

4.幼儿发展评价的目的不是给幼儿划分等级，而是通过评价来了解幼儿的发展状况，并采取相应的措施来促进幼儿的发展。《纲要》明确提出：教育评价是幼儿园教育工作的重要组成部分，是了解教育的适宜性、有效性，调整和改进工作，促进每一个幼儿发展，提高教育质量的必要手段。嵌入课程的幼儿发展评价是为了了解幼儿的发展状况，在此基础上审视教育是否适宜幼儿并对其有效，然后才能针对性地采取相应的措施来更好地为幼儿的发展服务，达到促进幼儿发展的最终目的。发展性原则还体现在教师要用发展的眼光来评价幼儿，因为幼儿是一个快速成长的个体，教师不仅要了解幼儿现有的发展状况，更要通过评价为其创造最近发展区，从而使幼儿获得更高层次的发展。

案例 2-6-1　　大禹路幼儿园嵌入课程的幼儿发展评价

大禹路幼儿园的《小禹点成长记》是一本有温度的成长档案，里面记录了孩子成长的点滴，从走近孩子开始，到支持孩子的兴趣，再到调整外部环境与记录成果，在孩子宝贵的成长阶段留下幸福的回忆，在孩子获得成长的路上，为其提供多样可能的机会。《小禹点成长记》既能评价孩子成长的点滴，又能推动课程的发展。

1.在主题活动中实践的专题式评价

（1）主题前的经验评价：收集散点经验和聚点经验

如在"光与影"大主题开启时，我们需要了解幼儿的生活经验，通过了解幼儿在哪里见过影子以及对"影子是什么样子的"进行开放式调查，散点式地了解本班幼儿的原始经验，为下一步探索光与影打下基础。如在"光与影"第二个小主题"会动的影子"中，通过对视频绘本《我的小影子》的自主学习，激发幼儿探索的兴趣，让幼儿了解不同的影子变化，并将幼儿的前期经验聚焦起来，为后面探究活动的开展做好准备。

（2）主题中的经验评价：体现思考经验和操作经验

在"制作七色光"活动中，幼儿通过师幼、幼幼团讨，讨论出需要的材料（笔、纸、手电筒）、需要的人员以及他们的分工等，并将他们的设计用绘画的形式记录。在这个过程中，我们看到了幼儿的思维过程。幼儿在制作过程中反复讨论、修改、实践、展示的过程是非常有意义的。在《会动的影子》中，幼儿将实际操作的过程进行记录，比如制作的灯光秀的现场照片、发现影子长短的实验办法等。将实际操作的过程进行记录和评价，让行动通过思维的整理系统化和具象化，充分体现了幼儿在学习中的实践经验。

（3）主题后的经验评价：总结主题经验和自我经验

在主题开展后，可将幼儿感兴趣的话题、内容、实验等继续延伸，在区域中以书本式记录的形式加以呈现，促进幼儿继续翻阅、操作、研究。如此反复地进行自主学习，幼儿会积累许多相关的经验。在主题结束后，通过"这个主题中最开心的是什么？哪里还可以做得更好？"等提问引导幼儿基于小禹点精神进行自我评价。教师需根据幼儿在某一方面或某几方面取得的发展作出分析与思考，梳理出该主题中幼儿提升相关经验的地方及需改进的地方。这样既是基于主题活动对幼儿经验的完整提炼，又能给教师关于主题的设计方面带来经验借鉴。

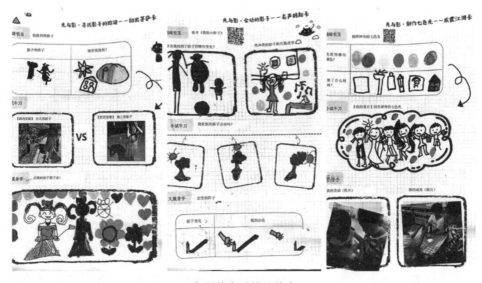

主题前中后的评价卡

2.在生活活动中渗透的聚点式评价

幼儿通过在生活中与成人互动，与同伴争执或合作，感知接触真实的物体，体验各种情感，解决实际的问题等，逐步学会与自己生存、发展密切相关的基本知识与技能，并在了解周围的世界，积累各种有益的经验中，逐步形成自己的性格、习惯等。

表2-2 聚点式评价案例

生活日记	
教师评价	苹果班的一位女孩子,从9月到11月,坚持每月观察,并用自己的表达方式留下苹果不同阶段的生长状态,这些图片,记录了一棵苹果树的成长,也记录了一个孩子投入观察的探究精神。

3.在运动中发展的连续性评价

运动伴随着幼儿的成长过程,幼儿在运动中还能发展技能,增强身体素质、提升意志品质。通过在运动项目中的连续性观察评价,促进幼儿体育精神、运动习惯的养成。

表2-3 连续性评价案例

运动日记	

教师评价	石榴班的一位男孩子，这个秋天，经历了跳一下就被绳子缠住了脚，到会甩一下，跳一个，到能连续跳，最后登上了大班年级组的跳绳冠亚军榜的过程。四张照片的背后，我们看到了一个坚持的孩子，他经历过很多次的失败，但最终也品尝到了成功的喜悦。在这里，已经不需要过多的文字了，四张照片，足以让这名孩子多年后感慨：在2019年的这个秋冬，我学会了跳绳，还登上过冠军台。

4.在游戏中实践的体验式评价

开展游园游戏活动，凸显"游戏反映发展，游戏巩固发展，游戏促进发展"的教育理念。根据课程目标和评价要点设计指向小禹点精神的游戏，促进幼儿的成长。从孩子们拿到一张游园卡制定游园路线开始，就能依据其表

表2-4　体验式评价案例

序号	名称	游戏玩法	评价要点
1	寻宝拼图游戏	按地图找齐散放在幼儿园8个地方的8张拼图，拼成一张游戏场馆图，按拼成的地图指示参加其他游戏。	方位、计划性、坚持性、解决问题等
2	小禹点直播间	进入直播间，根据自己擅长或喜欢的内容进行展示，中班幼儿及家长观看直播内容。	兴趣倾向、擅长领域、舞台表现、创意表达
3	10元超市（文具店）	1—9元不等的各种文具，每位幼儿10元"钱"，同时开设文具、水果两家超市，自主选择一家超市，将10元全部花完。	计算、兴趣倾向、解决问题
4	10元超市（水果店）	1—9元不等的各种水果，每位幼儿10元"钱"，同时开设文具、水果两家超市，自主选择一家超市，将10元全部花完。	计算、兴趣倾向、解决问题
5	我是小小升旗手	以"我是小小升旗手"的情境引入，第一关：升旗手灵活性测试，跳马、下腰过杆，第二关：幼儿快速自己穿上服装，第三关：幼儿讨论工作分配并进行升旗仪式，1分钟讨论，50秒升旗。	运动、沟通协商、自理
6	我和树叶有个约会	幼儿进入树叶"世界"，自主选择喜欢的方式玩树叶游戏，不限游戏时间和玩法。	兴趣倾向、创意表达、持续性
7	小禹点搭高楼	非常态游戏材料：扑克、纸、纸板等，幼儿进入游戏场地自行选择材料进行高塔的搭建，搭建形式自行选择，幼儿认为达到想要的高度后，完成离开。	临场学习、建构能力、投入、创意表达

现评价这个孩子,比如,他是从近到远,还是从远到近,从难到简单,还是从简单到难,是从喜欢的开始,还是没有计划走到哪算哪的,以此可以评价次序感和安排事情的条理性。

教师还可以从孩子做出的选择来评价这个孩子,比如给小禹点过生日的方式的选择,有的孩子会选择唱首歌,有的孩子会选择画画,有的孩子会选择建构,从这个选择中我们就能看到孩子的兴趣爱好和优势。再比如他是否会选择同伴开展活动,他是独自一人的还是会选择和同伴一起,这就可以去评价幼儿的社会交往能力。此外,当游戏难度不一的时候,从孩子选择放弃还是坚持中,能看到孩子的坚持品质,从孩子选择先玩难的还是先玩简单的,能看到孩子的投入程度。对孩子来说,这是一次有趣的游园活动,但我们的老师能从中看到每个幼儿全面的立体的形象。

"我的树叶有个约会"游戏回顾

禹点小故事

踏过满地的落叶,女孩走到跑道尽头,她看到同班同学在座位上做树叶贴画,向他打了个招呼便坐下来。随后她去跑道上找了三片树叶,拿起旁边的固体胶开始涂抹在纸上,先粘了两片树叶,然后用水彩笔在树叶上画眼睛、嘴巴和小辫子,边画边说:"这是妈妈、宝宝,还少一个爸爸。"又拿了一片树叶粘上去说:"爸爸是平头,我给爸爸画一点头发。"在创作期间,她还和旁边同学交谈:"爸爸妈妈总在我睡觉时玩手机,妈妈每天都要看'学习强国'。"最后,她用了20分钟将作品完成。

教师评价

1. 能够看环境明白游戏内容:看到满地的树叶以及同学在创作树叶贴画,你就明白了。
2. 创意一点点:创作目的明确,很快就开始创作树叶贴画,并添画上眼睛、嘴巴、头发,变成树叶一家人。
3. 能够用语言表达作品内容:一边创作一边说关于爸爸妈妈的事。

小禹点

游园评价中的评价表

《小禹点成长记》让幼儿看到自己进步的过程,得到他人的认可和赞赏,并让孩子找到自己的价值,知道自己是一个有能力的学习者。孩子通过阅读自己的成长故事,产生积极的自我认知。

（二）教师发展评价

教师的专业水平是课程实施的条件。与过去相比，课程改革对教师素养提出了许多新的要求。比如，现在更加强调课程的园本开发，因此，具备课程开发能力成为教师的发展要求；现在也更强调教学过程中教师之间的合作，强调教师和家长、其他社区成员的合作……课程改革实质上就是造就新的课程形态，而新的课程形态需要新型教师与之适应。从某种意义上说，我们需要把课程实施的过程变成教师发展的过程。

有效的课程实施应当是一种反思性实践的过程，而自我反思则是对教师发展进行评价时常使用的方法，它是教师日常工作中的重要组成部分，不仅有利于教师对课程开展进行及时调整，同时也能促进教师不断发展。

案例 2-6-2　　　　　　　　　**教师的自我反思**

文新学前教育集团的审思单是指幼儿园引导教师着眼于幼儿小公民素养的养成，基于儿童视角，发现幼儿在生活与学习中的发展机遇与需求，进而对原有审定教材主题内容重新进行更为有效架构与实施的一种具有跟进性、反思性、导行性的记录表格。

运行中，审思单立足于幼儿小公民素养的养成，着眼于教师儿童观的转变，采用跟进式的研修方式。审思单的形式一共有3种：

1.联结式审思单。联结意为建立联系，形成结点。指向主题目标与内容择选的联结式审思单，是引导教师立足幼儿，聚焦主题课程，将其与小公民素养有效对接的一种反思工具。该工具记录内容包括：幼儿原有经验、兴趣点及价值的分析，主题目标，主题内容以及教研中同伴的建议和我的思考四个方面。

表2-5　联结式审思单

主题名称		起止时间		班级	
主题前调中对幼儿原有经验（能与小公民素养对接）及兴趣点的分析	（教师真实进行前期的主题前调，记录对幼儿表达方式、作品等展调查后的分析内容，以及幼儿原有经验、兴趣点与主题内容对接的分析内容）				
主题目标（其中至少有一条目标与小公民核心素养对接）					
重构主题后的基本进程（需要注明进程、相关内容与小公民核心素养的对接点）	（站在儿童的视角，将有利于幼儿学习与发展的、能够助推主题深入推进的一系列活动进行重构后的罗列）				
推进过程策略支持	游戏、教学活动、微项目课程、个别化学习、生活活动等				
成效表述	可辅助照片材料进行说明				
教研中的启示			主题实施后反思		
教研中同伴的建议及我的思考（同伴的建议如何转化为我所能运用的观点）					

　　2.诊断式审思单。诊断是发现问题，进行判断。诊断式审思单是指向主题实施过程中现场把脉，给予方向的表单。是教研团队对教师主题实施现场进行研修的一种工具，该工具记录内容包括：审思要素、对教师行为的情境性

描述、诊断分析行为背后的儿童观、建议和调整、二轮跟进的改变五个方面。

表2-6 诊断式审思单

班级			活动内容	
活动位于主题的阶段				
对教师行为的情境性描述				
诊断分析行为背后的儿童观				
建议和调整			二轮跟进的改变	

3.专项式审思单。专项是指具体项目，针对引导。专项式审思单是导引新手教师反思自己在主题重构行进中所秉持的儿童观的研修载体，帮助新手教师进行"园本课程"下的主题重构，同时也逐步解决课程与幼儿脱离、教师课程意识与执行能力薄弱的现状问题。该工具记录内容主要包括：徒弟的初思考、师傅的思考及导引、我的再思考、推进过程策略支持、主题实施后成效与收获等几方面。

表2-7 专项式审思单

主题		班级	
主题进程中值得深度探究的价值思考			
我的初思考（徒弟写）			
师傅的思考及导引			

我的再思考	
推进过程策略支持	游戏、教学活动、微项目课程、个别化学习、生活活动等
成效与收获	师徒参与过程中的启示

　　课程质量的监控和评价除了需要考虑活动本身，更要考虑活动在课程体系中的位置、重要性以及对幼儿发展的作用。对课程质量的反馈和评价使教师置于课程评价体系之中，它能帮助教师树立正确的教育观，进而提升理论水平和实践能力。教师只有在反馈和评价中才能深刻认识到园本课程的目的和意义，才能尽可能地满足幼儿健康成长的需要。

第三章

饱含儿童的味道

——课程实践创新

第一节　如何寻找课程生发的起点

面对一个课程，我们时常会问它源自哪里，会好奇当时发生了什么。这般思考，正是对课程生发"原点"的探寻。很多时候它需要我们不断去触及、去拾起，从而逐步确立课程开始的地方。为此，我们在本节聚焦"如何寻找课程生发的起点"，在儿童的兴趣与需求中找寻、在身边丰富的资源中转换、在生活的偶发事件中捕捉、从时事话题引入这四个视角，结合具体课程实例来阐述我们的真实思考和做法。

一、聚焦兴趣需求，挖掘教育意义开启课程

幼儿的兴趣和需要与幼儿园课程的生发紧密相连，是课程生发的重要来源，但在具体操作时，还是会看到一些老师因为担心完不成计划，而对幼儿感兴趣的问题置之不理，或是因为"时间"关系，尽管想给幼儿自由探索的时间和机会，也只能"点到为止"，使课程生发流于形式。其实生活中的很多事件都可以成为课程的内容，只要教师站在幼儿的视角，根据幼儿的兴趣需求，选取生活中有教育意义的事件来调整教学计划，就能生发有价值的课程。

（一）视听结合发现兴趣，由点集结催生课程内容

幼儿感兴趣的内容存在于生活中，一棵草、一片树叶、一粒小果子都可能引起他们的兴趣。教师要善于观察幼儿的行为，倾听他们的想法，敏锐地捕捉幼儿感兴趣的内容，挖掘其潜在的教育价值，和幼儿一同探寻生发课程。我们可以走近三五成群的孩子，找到他们感兴趣的内容，不断地与他们进行有效互动，将他们的兴趣点作为课程的生发点，并由部分幼儿推向更

多的群体，从而引发更多幼儿参与的兴趣，来促进课程开启。

案例 3-1-1　长刺的橘子树：由发现树上会长刺而生发的课程

每到秋季，幼儿园操场旁的四棵橘子树果实累累，来到树下的孩子总是会忍不住被吸引。于是，老师对橘子主题进行内容架构，如认识橘子树、为橘子树画画、采摘橘子等。但是当孩子们来到橘子树下，我们感受到孩子独特的视角："哇，这棵橘子树有刺！""对啊，这棵橘子树就没有！"小麦团队的发现引来了其他小朋友围观。"为什么它和别的橘子树不一样呢？""这里以前肯定埋着一只刺猬，刺猬身上的刺发芽变成了这样。"兰兰说："大概是因为橘子还小吧，不想被人吃掉……"毛毛说："我想也许是为了保护自己，不让小偷和小动物靠近吧……"那棵长刺的橘子树激发了孩子们探索的欲望。在看到孩子的兴趣所在后，老师调整教学内容，开始和孩子共同协商、设计调查表，围绕自己想知道的内容进行调查交流。

每个孩子都是独立的个体，正因为这样的独特性，孩子们面对相同的事物会展现出不同的视角，而我们需要做的就是尊重孩子的表达和发现，引导孩子根据自己的兴趣用适当的方式去观察、发现，帮助孩子梳理、增进对自然世界的感知与认识。当发现孩子真正感兴趣且有价值的事物时，教师要敢于打破原来的计划，调整教育活动内容；当发现原定的活动时间、进度不符合实际情况时，不要拘泥于原定计划，应顺应事情的自然发展，因势利导。只要教师真正把孩子放在首位，以幼儿的兴趣为出发点，让幼儿按照自己的意愿进行探索，给予适当的协助和引导，就能使他们在探索中获得知识。

（二）剖析现象寻定需求，由点聚面确立课程内容

很多时候，幼儿的行为表征隐含着更为深层次的含义，不仅仅指向兴趣所在，还体现着其发展的需要。作为具有专业甄别能力的教师，可以从直观的现象入手，在细节中追溯背后的原因所在，并结合相应的理论支持，在生活中有意识地找寻和记录多个类似现象，由此抽调出可能指向的共性需要。以真实的生理、心理或敏感期的发展需要为课程的内容确立点，由此展开生动的系列性活动。这样的生发性课程带着一种特别的温度，它关照到了孩子心底的声音。可以说，它与兴趣为导向的生发不同，它可能是孩子正面临的焦虑、困难等，它能让我们真正看到孩子生长之路上的真需要，使课程有不一样的生命力。

案例 3-1-2　　暖厕：由"我不要上厕所"生发的课程

如厕是孩子们在园生活的重要组成部分。部分刚刚入园的小班幼儿对幼儿园的厕所会产生各种各样的担心与害怕，于是老师经常要帮孩子换洗被尿湿的裤子。这样的现象正常吗？过段时间孩子们就会适应吗？还是有其他的缘由？我们来看看文鼎苑幼儿园的老师是如何做的。

细心的老师发现，孩子们尿裤子的原因各有不同：有的憋尿不肯上厕所，直接拉到裤子上；有的因上厕所姿势不正确而尿湿裤子；还有的蹲位不正确，将大便解到蹲坑外面。细心的老师还发现，使用蹲坑时孩子们会有很

多微表情与微动作：有的双脚跨蹲坑时神情紧张；有的下蹲后手紧紧抓着老师；还有的两只脚总是分得很开。于是老师和孩子们进行了一次讨论，问问孩子们上厕所时都在想些什么。有的孩子说那里有个洞，我怕掉下去；有的说怕鞋子会碰到大小便；还有的说没人陪我、没人给我擦屁股……原来小小的厕所给孩子们带来那么多的担心！

小班幼儿自主如厕能力较弱，以及幼儿园与家庭如厕方式的差异，导致了幼儿在幼儿园如厕状况较多。通过对话，教师发现了幼儿如厕背后的困难和缘由，于是"暖厕"课程应运而生！

孩子的内心世界和需求与成人大不一样，教师想到的不一定是他们喜欢的，他们需要的又不一定是教师能想到的，因此教师在生活中要学会观察儿童，关注儿童的需求，不断反思课程，敏锐捕捉课程的价值点。课程命名指向"暖厕"，并不是因为厕所的外在有何不同，而是因为教师能关注到幼儿细小而又非常真实的需求。这种从体感到心灵都能感受到的暖意，是否也能感染到你？

二、联结生活资源，借力不同场域生发课程

《幼儿园教育指导纲要》指出：幼儿园要充分利用自然环境和社区的教育资源，扩展幼儿生活和学习的空间。儿童教育家陈鹤琴先生倡导：在大自然中、大社会中发掘一切可利用的自然资源，让儿童在与自然、社会的直接接触中，在亲身观察中获取经验和知识。对幼儿来说，将生活资源渗透在课程中，全面综合地方社区文化资源的课程是真实而生机勃勃的课程，这样的课程才能激发幼儿学习的兴趣和创造的热情。在这样的理念下，我们应让幼儿回归生活，充分利用生活中的资源生发课程。

（一）凸显园所环境，在互动中生发

幼儿园是幼儿一日生活的地方，里面的一草一木、一石一池都是幼儿探索学习的内容，幼儿园需要最大限度地依托、挖掘园内的独特环境资源，

使幼儿在游戏、学习、生活中都能与环境亲密接触，在触手可及的认知、互动中生发课程。

案例 3-1-3   **好玩的台阶**

　　留下幼儿园根据户外环境与周边资源的优势，一直开展野趣课程的实践与探究。在一次与孩子们对话的过程中，老师提出了一个问题："孩子们，幼儿园户外的各个地方，你们觉得哪里最好玩？"各班都找到了他们觉得幼儿园最好玩的地方。其中，中四班的孩子们一致认为幼儿园的大台阶很好玩，这样的结果大出老师所料。光秃秃的水泥台阶有什么好玩的？老师在觉得迷茫的同时也很好奇，不知道孩子们眼中的台阶有多好玩。既然孩子们对台阶这么感兴趣，那就一起来探究吧，于是课程就在"关于台阶，你想怎么玩"这样一个问题中展开了。孩子们说，"台阶可以当滑滑梯，台阶可以当舞台"，"我还看到过很有意思的台阶"，"我想打扮一下我们的台阶"。根据孩子们给

出的各种各样的答案，老师梳理形成了关于台阶的野趣课程网式提纲，跟着孩子们的需求一步步地展开活动，看到了孩子们心目中像游乐园一样无比有趣的大台阶。

　　留下幼儿园的户外环境集有趣、探险、挑战于一体，有风景如画的旱溪、有秘密很多的小树林、充满无限可能的沙池、停不下来的秋千、挑战自我的独木桥……现在又多了好玩的台阶。依托环境挖掘课程资源生发课程，弥补了教学时间、空间、形式、内容上的局限，给幼儿提供了更加灵活的学习空间、更为丰富的学习内容，促进每位幼儿得到最大限度的发展，感

受成长的快乐。教师要敢于打破常规，勇于尝试，将课程生发的种子广植于环境这一沃土，采撷累累硕果。

（二）联动社区资源，在体验中生发

社区是幼儿生活和学习密切接触的环境，蕴藏着丰富的学习资源。幼儿园可以将社区资源引入幼儿园的课程中来，扩大与丰富幼儿教育资源，为促进幼儿学习与发展服务。但社区资源种类繁多，成人与儿童的视角不同，我们需要站在儿童的立场对资源进行梳理，并采取切实可行的联动途径与方法，让符合儿童视角的资源转化为幼儿园课程资源，为幼儿园课程服务，最终形成幼儿园教育与社区教育的合力。只有这样才能满足幼儿成长和发展的需求，从而拓展幼儿视野、丰富幼儿社会实践经验，在幼儿体验的过程中生发出课程。

案例 3-1-4　　　　　　　　**坐着地铁去春游**

文新幼儿园门口有个杭州地铁2号线的地铁站。地铁开通会给人们的生活带来便捷，然而地铁建造的过程却是漫长的，晴天尘土飞扬，雨天泥泞不堪，人们的日常生活受到了影响。我们时常听到孩子们在讨论：我看到里面有一个黑黑的洞，好可怕呀！那个车好高呀，里面到底是怎么造的呀？建设中的地铁站对孩子们而言是一种新的体验和发现，蕴含很多小秘密，于是，我们换个角度、借力资源，带着孩子们走近地铁站去看一看，去采访工人叔叔，去询问自己好奇的问题，孩子们兴趣满满。我们由衷地感受到：对于资源，成人与儿童的理解有着不同。成人会觉得有用的才是资源，而在儿童眼里，好玩的、新奇的、有趣的、有意思的，甚至有些不那么美丽的事物都可能进入他们的视野。终于，地铁开通了！正是有了前期的体验，孩子积攒了对地铁更多的新奇和期待，所以地铁一开通，孩子们就强烈要求去参观！于是关于地铁的课程内容应运而生……

查询路线

刷卡进站

文明候车

　　幼儿园依托社区生活环境，从儿童的视角来挖掘社区中幼儿所需的一切教育资源。这些社区资源潜藏着许多有价值的课程内容，不仅可以开阔幼儿眼界，丰富幼儿经验，拓展幼儿学习的途径，还可以使幼儿更加关注周围的生活，关注社区的发展变化，形成对社区的良好情感。幼儿园整合联动社区资源的尝试探索，让我们感受到，将幼儿的学习需要融入整个大社会，会促进幼儿积极参与公共事务的社会责任感不断增强，教师在此过程中课程整合意识和课程开发能力也会不断提高。

（三）融合地域文化，在传承中生发

　　地域文化不仅包括一个地区的自然景观、文物古迹等物质文化，还包含风俗人情等精神文化，在一定的地域范围内与环境相融合，具有独特性。幼儿园可以利用地域文化所蕴含的丰富教育资源来满足园本课程生发的需要，而地域文化本身所具有的独特性也使幼儿园的园本课程更有特色。西湖区很多幼儿园所处的区块有着浓郁的地域特色文化，幼儿从小在这里生活，接受地域文化的熏陶，对本地的习俗和文化耳濡目染。将这些优秀的民俗民风作为园本课程资源，幼儿能在潜移默化中继承和弘扬。

案例 3-1-5　　　　**女孩子为什么不能划龙舟**

在关于"划龙舟"主题的讨论中，昊昊说："我知道女孩子是不能划龙舟的。"老师追问："为什么女孩子不能划龙舟？"昊昊回答："奶奶说的，女孩子是不能划龙舟的。"于是，老师将问题抛给了小朋友们："女孩子为什么不能划龙舟呢？"一番讨论后，大家的答案有：女孩子力气小；女孩子不会游泳；女孩子要穿裙子，裙子会弄脏的等。这时琪琪大声说："女孩子可以划龙舟，上次我看到一个电视节目里有个演员在划龙舟，她就是女孩子！"瑶瑶说："女孩子划的那个不叫龙舟，叫作凤舟，因为男孩子是龙，女孩子是凤。"

在当地传统风俗中的确有女孩子不能上龙舟的说法，至于为什么女孩子不能上龙舟，相信现如今已经很少有人说得清楚了。幼儿通过自身经验，从女孩子的特征分析了女孩子不能划龙舟的原因。对于瑶瑶说的凤舟的说法，教师查询了相关资料，发现的确存在划凤舟的说法，是"女儿节"的传统项目之一。那么，我们就来搭建一艘属于女孩子的凤舟吧……

上述案例来自杭州市蒋村花园幼儿园，幼儿园地处西溪蒋村区块，地域民俗资源非常丰富，并呈现出鲜明的个性特色，"龙舟竞渡""西溪火柿节""花朝赏花"等习俗由来已久。幼儿园将地域文化融入园本课程，使孩子们在活动中感受、在游戏中传承这些民俗文化，并在逐步积累的过程中生发出新的课程内容。我们希望通过这样的课程探索，引导幼儿更深入地了解当地的民俗风情，激发幼儿对家乡的热爱以及对周围人与事物的亲近、关爱之心，并在此基础上逐步体会和形成民族精神。

三、捕捉偶发事件，立足问题驱动酝酿课程

随着幼儿园课程改革的不断深化，幼儿园教学活动越来越呈现出生活化、游戏化、实践化、真实化等特征。如何在一日活动中，敏锐地捕捉幼儿的偶发事件，如何在偶发事件发生时，机智处理、因势利导，将其转变为教育的契机，更好地为幼儿的学习发展服务，提高幼儿在真实事件中解决问题的能力，将成为教师专业发展的增长点。

（一）捕捉生活中的偶发事件

教育学家陶行知先生说："一日生活皆课程。"这句话道出了生活所蕴含的教育价值，它需要我们能看到、能想到，并能用好！它也精炼地阐述了儿童的教育应该回归生活，呈现出一种无痕的教育状态。正因如此，我们要以一种敏感、近乎刻意的状态对待儿童的生活，随时随地、从自然常态中捕捉到那些"波澜"，并将其作为近期课程中的新生发点进行酝酿，逐步延展成为或长或短的项目活动。

案例 3-1-6　　　　　　　　　　**不能"看"的秘密**

一次午休，豆豆（中班、化名）尿床了。她在床上辗转反侧，生活老师准备给她换裤子，但她耍起了小性子，死活不肯换。女孩子的这种情绪变化，让我觉得很纳闷。"豆豆是一个活泼开朗的女孩，平时在幼儿园里非常乖巧，很少使小性子，她这么不情愿换裤子，其中肯定有  什么缘由"。于是我就耐心跟豆豆聊天，一番沟通后明白了豆豆的心思——

她想找个地方自己来换裤子，不愿意老师在场。平常班里孩子尿床了，都是生活老师帮忙换的。随着孩子年龄的增长，他们对自我性别的认识、对隐私的重视和自尊心，都日趋强烈。回想豆豆尿床后的一些微表情、细动作，或许孩子们早有一些想法。作为老师，我不应该就此打住。于是我们和孩子们聊起这个看似平常、但又不大挂在嘴边的内容。没想到，它引起了孩子们强烈的共鸣……

上述案例发生在文新幼儿园一位男教师的班级。通过案例，我们深深地感受到小家伙们慢慢地长大了，他们内在的自尊心在强烈地迸发，对于自身隐私的关注已经浮出水面。倘若此时，我们还依旧通过单方面的照料、细心的护理来处理这一事件，可能没办法关照到孩子心理的需求。教师非常敏锐地关注到这件事，并将其转换为共同讨论的话题，与孩子们展开深度对话，由此创生了"打造专属更衣室"的微项目探究。可以说，很多时候幼儿的生活需要我们带着敏锐度去琢磨、细品，小小的生活事件背后蕴含着课程生发的力量，关乎着幼儿新的兴趣与需要。除此之外，我们还可以在幼儿的生活中制造一些"小麻烦"，预留一些生发课程的可能性。

案例 3-1-7 **小城设计师：由留给孩子们的"新"岗亭生发的课程**

文新幼儿园暑假进行了园所维修，其中包括对保安岗亭的更新。因多种原因岗亭的外观一直处于"光秃秃"的状态，为此，教师预想由幼儿来设计、绘制，并能逐步发展成一个微项目。但我们不想让孩子为了装饰而装饰，为

初探保安岗亭 保安叔叔来上课 调查设计岗亭 现场布置

此，我们暂且先将计划搁在心里，先让孩子们去看、去发现，期待孩子让它发生发展……

对幼儿园岗亭外观的美化，其实后勤部门在暑假里就完全可以解决，但老师们没有这么做，而是把它留到开学后，留给孩子们，看看孩子们能否关注到生活中的变化，能否发现岗亭的变新，小小岗亭能否和孩子们碰撞出大大的火花。事实上，新岗亭走进了孩子的视线，孩子们对于岗亭的更新、岗亭的作用，有了自己的想法，这也成了孩子们在开学初谈论最多的话题。教师可以成为生活中的"酝酿者、制造者"，为孩子制造一些小麻烦。看似无意的留白，其实是有意而为之的赋权，将生活还给孩子，让他们成为生活的主人。这时，我们能看到更为精彩的画面，而课程也在这个过程中更加精彩。

（二）带动儿童卷入问题情境

当我们捕捉到有价值的点之后，怎么由这个点生发出课程并展开，这就需要让儿童卷入对事件解决、探究的过程中来。幼儿在探索交流的过程中，肯定会遇到一些问题，甚至有卡壳的时候，这时教师不要简单地做对与错的评价，而是有意识地将问题留给幼儿，让幼儿自己尝试想办法解决问题。教师这时要充当幼儿解决问题的引导者，可以顺着幼儿的思路适当进行点拨，在幼儿出现困难时给予暗示或提示，帮助幼儿向着问题解决的方向前进，并从中获得一些解决问题的成功经验，使他们今后在遇到类似问题时能够主动思考并付诸行动，从而让课程生发出多种可能。

案例 3-1-8 专属停车位上线：由停车风波生发的课程

滑板车、自行车是孩子们来幼儿园时最喜爱的交通方式。他们喜欢使劲地蹬几下滑板车，然后享受一段长距离的滑行。哈哈！是不是超级酷？随之出现的问题是幼儿园门口的小车越来越多，有时候因为着急上学，小朋友随

意停放车子，停车场变得拥挤无序。于是，我们和孩子们一起面对这个问题，商量解决的办法……午山幼儿园的教师捕捉到幼儿生活中停车难这个事件的价值点，从幼儿的实际需要出发，以解决幼儿停车难问题为切入点，聚焦幼儿的生活实际，让幼儿发现问题并展开交流实践。通过设计小车位、竞聘车位管理员、优化车辆停放规则等活动，逐步拓展成一个完整的课程实践活动。

教育实践证明，在幼儿园活动中充分利用偶发事件的教育契机，对幼儿进行因势利导，远比一味追求按部就班的活动更有意义。将活动中的偶发事件作为一种有效的课程资源，融入幼儿的一日活动之中，使其成为幼儿真实学习的机会，成为教师专业智慧的生长点，让精彩在偶然中绽放。

四、引入新闻时事，借助话题讨论萌生课程

互联网时代的到来，给孩子打开了另外一扇了解世界、倾听世界的大门。新闻时事能渗透到孩童的生活中，成为他们谈论的话题。日常生活中，家长会有意无意地向孩子传递近期一些新闻，老师也会有意让中大班的孩子进行新闻播报。当我们将新闻时事引入时，我们发现孩子们有自己的想法和观点以及疑惑和问题，带给我们意想不到的新视角，也给课程注入更多鲜活的生命力。

（一）儿童视角取舍，找准适宜的话题点

发生在我们身边的新闻事件有很多，但不是所有时事都适合儿童去讨论。新闻事件发生后，需要教师对事件进行基本的价值判断：它符合大多数

幼儿的学习发展需要吗？关于新闻事件中的问题，幼儿有相关的经验吗？在教师的支持下幼儿有解决这个问题的能力吗？过程中我们需要通过甄别、筛选，思考这一新闻事件对儿童来说有什么样的价值。一个适宜的话题是课程生发的起点。

案例 3-1-9　　**重建"巴黎圣母院"：由一场火灾生发的课程**

　　区域活动中建构区的一角，孩子们一边搭建一边交谈。

　　牛牛说："多多，你在搭什么？"

　　多多说："巴黎圣母院。"

　　沫沫说："什么？巴黎圣母院？这是什么啊？"

　　多多说："好像是个很漂亮的建筑，但我听爸爸说它被大火烧了……"

　　牛牛说："怎么会烧了？原来很漂亮吗？我都没见过。"

　　沫沫说："真的烧了吗？怎么回事？"

　　虽然巴黎圣母院离我们很远，但它独特的建筑风格、收藏的艺术珍品，是法国人民智慧的结晶。作为世界上最出名的建筑之一，火灾使它被全世界人民关注。多多搭建的"巴黎圣母院"已经引发了孩子们对这一新闻事件的兴趣，那就一起来看看究竟发生了什么。在观看新闻视频的过程中，有的孩子说要赶紧把火扑灭，一起去救火吧；有的孩子说怎么会着火的，是有坏人放火吗；还有孩子对巴黎圣母院产生了好奇，这到底是个什么地方。孩子们交谈的话题各种各样，聚焦巴黎圣母院建筑本身，其构造和色彩更能引发孩子们的创想和好奇，于是老师和孩子们一起，开始探索、了解这座世界闻名的哥特式建筑，在这场人类艺术"劫难"中，体会失去的伤感，懂得努力创造的重要性，艺术会让世界更美好……

（二）儿童共议想法，萌生课程多元触角

当找到了新闻事件中适宜幼儿的话题后，我们的课程就有了焦点，但是还需要在和孩子的交谈中去发现课程生发的多种可能，为课程的生发找到多元触角，从而让课程推进有多元化的切入。因此，教师需要和孩子聊一聊，比如"关于话题你知道些什么""你还想知道什么""有哪些和话题有关的内容"。在聊的过程中孩子的现有经验得到呈现，教师在此基础上拓展话题的形式，提升话题的价值。

案例 3-1-10　**10天，探秘火神山：由新冠疫情生发的课程**

2020年1月23日，腊月廿九，武汉封城第一天，决定参照17年前非典疫情期间的北京小汤山医院模式，建造一座集中收治新冠肺炎患者的医院——火神山医院。老师把相关视频推送到班级群，和孩子们展开了畅聊：

为什么要建造火神山医院？ "医院不够，病人太多了。""这个病毒会传染，所以要造个不一样的医院。""医生会在这个医院讨论怎么消灭病毒。""这个医院很快就造好了，病人可以住进去。"

你知道哪些关于火神山医院的事情？ "10天就造好了，只比一星期长一点。""有挖掘机司机、解放军、水电工人、指挥官一起建造医院。""有很多建造工具和机器。""爸爸说这是中国速度。"

关于火神山医院，你还想知道什么？ "医院里面是什么样子的？""火神山医院里面有很多机器人来帮忙吗？""医生叔叔和护士阿姨穿的防护服够吗？能保护她们吗？""科学家能发明什么厉害的武器消灭病毒呢？"

你心目中火神山医院的样子是怎样的？"大人病房和儿童病房要分开，小朋友有伙伴就不害怕了。""生病的人可以用飞机直接送到火神山医院。""我会在山脚边建造医院，空气好，病人会好得快一点。"

孩子们积极表达自己的想法和感受，话题涉及火神山医院的方方面面，内容如此丰富出乎老师们的意料。根据孩子们讨论的内容，教师梳理出"为什么要建造火神山医院""知道哪些关于火神山医院的事情""还想知道什么"以及"你心目中火神山医院的样子"这四个切入点，并以此为原点，展开新一轮的探究。孩子们对自己生发出来的话题，带着最本真的探知欲望。从建造火神山医院，看到了中国速度、中国力量；从探秘火神山医院，看到了孩子们的创意、认真、有爱。

课程生发点的来源是丰富而广泛的，在幼儿日常生活中，在幼儿与周围人、事、物互动过程中，在某个场合、某个时间或某个特定的情境下都能发现它、找到它。教师需要做的，就是抓住这些稍纵即逝的教育机会，站在儿童的视角，把"儿童看作儿童"，使他们在参与、探索、尝试、感悟中切实感受课程的魅力；遵循儿童为本的理念，让"儿童成为儿童"，调动他们学习的积极性，让他们学得更生动、更有效。

第二节　如何推动儿童的深度学习

深度学习，强调的是儿童在学习中参与的积极性、体验的主动性、经验的发展性。作为幼儿学习的"支持者、协助者、助推者"，教师积极进行驱动方式的设计、学习支架的搭建、支持策略的运用，对助推幼儿的深度学习起到至关重要的作用。那么，我们如何为孩子创造一个有意义的环境？如何推动幼儿的深度学习呢？本章节以具体的案例，通过对幼儿学习动机的唤起、学习过程的支持、学习方式的优化，阐述教师如何运用这些策略，推动幼儿自主、深度地学习，提升经验的建构能力。

一、唤起学习动机

心理学家指出："动机是由目标或对象引导、激发和维持个体活动的一种内在心理过程或内部动力。当个体对目标的认识由外部的诱因变成内部的需要时，这种认识就会成为行为的动力，进而推动行为。"因此，唤起幼儿学习的动机，可以激励和指引幼儿将学习行为由外部的要求转化为内在的需要，从而激发幼儿学习的自主性和自发性。且在幼儿获得成功体验后，学习动机还会强化这种学习行为，并得以长久的维持。

（一）情感激发，唤醒内在动力

"情感是动机的源泉，具有推动作用，它们会对动机的大小和强弱产生影响。"积极的情感能激发幼儿学习的兴趣，年龄越小，这一现象越明显。幼儿能将愉快的学习体验，转化为强烈的学习动机，从而形成一种认知态度，保持这种行为。

案例 3-2-1　　　　　　你好，足球冠军

枫华府第幼儿园的"枫火轮"足球队在杭州市少儿足球赛中获得幼儿园组冠军。孩子们观看了小运动员领奖的视频后，纷纷发出赞叹："哇哇哇！哥哥可以上台领奖啦！""哇！好厉害！太棒了！他们是我的偶像！"老师敏感地捕捉到这一教育契机，"这就是榜样啊！""这不是我们幼儿园课程资源吗？！"于是，老师抓住了这一绝好契机，开展"你好，足球冠军"主题活动。

"榜样"是个模糊的概念，作为学习的目标，需要具象的内容，需要对榜样的品质、形成的主要原因进行分析、提取。于是，老师邀请足球运动员们到班里，通过"记者招待会"的形式，让本班幼儿近距离与小运动员们开展交流。

问：你们花了多久时间才拿到这个冠军的？

答：我们训练了两个月，60天，共30次！

问：你们下雨天也坚持训练吗？

答：是的！有次下雨，教练鼓励我们坚持下去。有次我生病了，吃了药还是去训练了！

问：有没有想过放弃呢？

答：有！刚开始我不想当守门员，后来我觉得守门员也很有用，每个队伍都要有守门员，才坚持了下来！

"记者招待会"结束，老师组织孩子们展开了多次讨论，引导孩子提取"冠军"品质，如坚持、挑战、勇敢、合作等，并最终聚焦到"坚持"这一学习品质并作为学习的目标。接下来，进一步讨论如何坚持。

讨论一：晨晨哥哥是怎么坚持下来的？

● 他发现了守门员虽然不能踢球，但是可以阻挡对方的进球，有自己的作用，也很厉害！

●他认为一个队伍里每个人有自己的角色和任务，就坚持下来了！

讨论二："坚持"是什么意思？

●坚持不是一天两天，而是很长一段时间。

●坚持是一直到底，一定会有收获。

●坚持就是克服各种困难，越难越要去做！

讨论三：我们能用哪些方法来做到坚持呢？

☑手机上下载程序，提醒自己坚持。

☑做计划表，或者定闹钟。

☑好朋友之间相互鼓励。

☑不管什么天气，都要去做。

☑要专心，集中注意力，才能坚持。

☑一定要相信自己，才能坚持下去。

进而引导幼儿对"坚持"品质的迁移和实践。

教师引导："你想坚持什么？"

幼儿设想："我想要天天跳绳，直到学会为止""我希望我每天在外婆洗澡的时候，练习钢琴""我想每天练习短跑，变成运动员""我想要每天坚持做一个小发明，然后变成发明家"……

搭建支架：①设计"天天坚持本"的载体。让孩子挑战完成暑期的坚持计划，如"坚持跳绳""坚持练琴""坚持做手工"等。②举办"成果发布会"。暑假结束，孩子们在发布会上展示了自己坚持学习的成果，如跳舞、演奏等才艺表演，建构造型挑战赛，美术、摄影展，"跳绳show出来"等。继预设的"足球冠军"微课程学习之后，在军训、徒步秋游等其他活动中，继续巩固和内化。幼儿在这些活动面前，获得"坚持就能成功"的真实体验，自觉以"坚持不放弃"来鼓励自己做一件事。

本案例是枫华府第幼儿园"榜样共情"社会体验课程背景下的一个微课程，通过身边的榜样，让幼儿在"榜样择取、榜样解读、内化实践"中挑战自我，最终成为更美好的自己。上述案例择取"冠军"这个榜样，利用孩子天生对强者的崇拜情感，驱动孩子学习的内在情感。在对"榜样"的解读、"冠军"品质的分析中，有效地将榜样的模糊认识变得清晰而具体，并将对"坚持"品质的学习转化为一个个具体的、可见的、可达成的活动载体，增强学习的自信。这种自信驱使幼儿投入到学习中，从而激发了幼儿学习的动力。于是，外部的诱因就变成幼儿内部的需要，进而推动学习，最后让孩子"模仿学习"并实现了"品质内化"的目标。在开展教学的过程中，教师应充分利用幼儿情绪与情感的动机作用，不仅以自己良好的情绪、情感去感染幼儿，而且培养幼儿对学习积极的情绪和情感，充分发挥幼儿情绪、情感的最大合力，促进幼儿学习动力的提升。

（二）事件驱动，引发外在动机

以目标任务为导向的探究性学习，可以有效地维持学习者的学习兴趣和学习动机，有助于学习者主动建构探究、实践、思考、运用、解决问题的经验体系。目标任务的发起主要有教师发起和幼儿发起两种方式。但在实际的教育现场，任务是基于幼儿的兴趣和需要，经教师的发现和建议共同发起的。无论哪种方式，都需要教师有"以幼儿为本"的儿童观和专业的敏感度、判断力做支撑，需要对孩子的能力和经验水平有合理的预估。以具体的目标任务为起点，通过环境的创设和学习支架的搭建，引导幼儿在解决问题的过程中，保持学习的积极性，使探究和学习不断深入。

案例 3-2-2　　　　　　**来一场与花木的手作约会**

新学期幼儿园对各处端景进行更新，是开学前的一项常规工作。这天，大三班的孩子经过幼儿园大门口时，丹丹小朋友对更新后的端景端详了一番说:"这个花架的样子不好看。"这一句话引起了其他孩子的注意,于是大家都聚到端景前,你一言,我一语,对花架的造型发表了自己的观点。

豆豆说:"花架应该是矮矮的,才能看见花!"

峥峥说:"我见过会旋转的花架,比这个好玩。"

当看到参与评论的孩子越来越多时,老师提议:"我们把花架改一改吧!"

这一提议获得了孩子们热情的响应,于是花架改造行动开始了!带着具体的任务,孩子进入真实的学习情境。在完成目标任务的同时,孩子通过一个一个的实践活动,开展主动的探究和学习。孩子进行了实地观察与测量、设计花架的样式与制订计划、在制作中学习问题解决、完成花架制作后反思与调整等。

申花路幼儿园教师在STEAM课程理念和儿童观的支持下,逐步形成"让幼儿成为环境的主人"的意识。以往的端景,从设计到选购、摆放,都是由教师完成的,幼儿只是端景的欣赏者。基于幼儿的兴趣和能力,教师将一些改造、装饰、修复环境的任务向孩子赋权。在赋予环境美感的同时,使孩子积累对端景的认知。"来一场与花木的手作约会"的活动案例,阐述在任务驱动下,教师如何带领幼儿亲历"捕捉任务—计划设计—探究解疑—反思迭代"的过程,一步一步完成花架制作的任务,在自主的探究和学习中进行经验的迭代与提升。

(三)认知冲突,激活探究需求

认知冲突是一个人在学习的过程中,新旧知识和经验产生的冲突。这种认知冲突在对比中引发思维上的碰撞,从而触动幼儿不断地进行逻辑思维。在思考和解决冲突的过程中,他们的思维得到更平衡的发展,从而产生强烈的探索欲。

案例 3-2-3　　　　　　　我的幼儿园有羊出没

幼儿园养羊已经很多年了，孩子们轮流带青菜、胡萝卜、青草等食物来喂养羊。今年开学后，给幼儿园做绿化维护的大伯带来豆腐渣喂羊。孩子们很奇怪，羊不是喜欢吃青菜、胡萝卜吗？为什么要吃豆腐渣？这与孩子已有的认知经验产生了冲突，由此引发了一个完全由孩子发起的"羊喜欢吃什么"的探究活动。

孩子借助网络、书籍查阅资料，咨询有经验的人，尝试用各种食物喂养等，了解到羊除了喜欢吃青菜、萝卜等，还喜欢吃薯类、豆类等，而豆腐渣就是一种很有营养价值的食物。当孩子在半个多月与羊的接触、用心地喂养后，对羊产生了很深的感情。探究活动并没有以得出"羊喜欢吃什么"的答案而结束，而是延伸出了一系列探究活动，比如与食物有关的：羊一天的食量有多大，给羊制定食谱；与生长繁殖有关的：羊的婚礼、羊妈妈的护理；与生活环境有关的：给羊造一座房子等。探究活动从一个小小的疑惑或可以短时间结束的任务，因孩子们的兴趣持续了整整一个学期。

申花路幼儿园教师就是在日常喂养羊的过程中，捕捉到孩子的经验冲突点，创设条件，引导孩子自主开展学习。在学习过程中，认知冲突时有发生，它主要产生于幼儿已有经验与新经验的冲突、预设计划与实际操作的矛盾、同伴的经验与个体经验的差异等，教师可以有意去设置一些问题，引发幼儿产生认知冲突，不断激发幼儿兴趣的持续发展和学习的深入。

二、支持学习过程

深度学习不是被动、无趣的学习，而是幼儿主动发起、积极参与、全身心投入的学习。在深入学习中幼儿能主动地将新旧知识与经验有机整合，并能通过各种渠道整合其他学科或领域的内容。同时，批判性反思伴随着整个学习过程，幼儿不再是单纯的接受者，而是有反思意识、批判意识和怀疑意识的主动建构者。因此，深度学习具有主动性、整合性、反思性的特质。深度学习以培养幼儿的高阶思维为导向，幼儿在面临复杂的任务或问题时，对学习情境有较深入的理解是基础，在此基础上在反思与总结中进行各种尝试与深入探究、寻找方案，最终解决问题获得新经验。

（一）基于问题，激活反思性学习

面对孩子零散的问题，我们首先要引导孩子对问题进行分析、识别，提炼出共性的问题，聚焦到一个或几个兴趣点来启动探究。聚焦的问题打开了探究性学习的入口，但这些问题往往比较笼统，不具备实操性。幼儿进入解决问题的实际探究阶段后，还需要对问题进行分解，化大为小，化繁为简，并将其转化为一个一个具有明确目标指向的驱动性问题或挑战性问题，助推问题的解决和目标任务的完成。

问题的分解与转化是幼儿解决问题的一种思维方式，一般发生在探究性学习的过程中。方法有很多种，比如抽象的"条件"具体化、陌生的"情节"熟悉化、隐蔽的"关系"明朗化、复杂的"问题"简单化等。问题的分解与转化能够增强幼儿解决问题的策略意识，帮助他们主动克服在解决问题过程中遇到的困难，获得成功的体验。

案例 3-2-4　　　　　树屋的N种设计

上学期，孩子们完成了绳梯项目的制作。刚开始大家很开心，轮流在绳梯上爬上爬下。在几次体验后，有孩子提出了新的问题。

馨妍：我们爬到上面就没事干了。

小果：是的，就这样爬上爬下有点累。

师：那你们还想怎么玩呢？

幼幼：爬到上面要是可以滑下来就好了。如果能在上面坐一坐，看看风景也很不错。如果树上有个房间，我们能像小鸟一样住在树上……

第二天就有孩子着手设计树屋图，大家围观讨论着，"树屋"项目由此诞生。

申花路幼儿园创造真实的项目情境，让幼儿在探索中发现问题，然后围绕问题展开思考和确定项目内容，真正激发幼儿主动学习的意识和动力。树屋项目是幼儿对上学期绳梯项目试玩后的一个思考和延伸。教师把主动权交给孩子，让孩子自己来完成"树屋"的设计和制造，听到这个消息，孩子们特别激动，表示一定能完成这项任务。

（二）创设条件，引发主动性学习

在辨识幼儿的已经经验，发现幼儿的兴趣、需求、问题以后，教师需要为幼儿的学习创设必要的物质条件，以吸引幼儿主动加入活动中来。同时，教师也需要为幼儿提供安全的心理空间，以轻松的、愉悦的、积极的氛围，引导幼儿在活动过程中自己发现问题，并通过观察、分析、比较解决问题，形成新的驱动性问题，推进探究的延续和新的探究活动的发生，提升幼儿的思维能力，提高幼儿自主解决问题的能力。

案例 3-2-5　　　　　　**树屋的N次修改**

片段1：

第一次树屋建模时，制作组成员选择用棒冰棍做主材料。他们用白胶把棒冰棍一根一根平粘起来做成一个四方形，一共做了5个。旁边传来质疑的声音：

疑问1："你们用胶水粘牢固吗？下雨了怎么办，我们上次做的机器人，眼睛、鼻子也是用胶枪胶的，后来被雨淋了都掉下来了。"

疑问2："你们用了这么多棒冰棍，做真正的树屋也要用棒冰棍吗？"

真实的树屋下面用什么来做柱子呢？……在同伴的质疑声中，制作组有小朋友轻声道：这个模型好像不合适。

片段2：

树屋四面墙的框架和底部成功围合，最后加上屋顶，树屋基本成型。为了获得更多相关信息，项目组孩子特别邀请了班级其他幼儿去参观和体验，最后梳理出了三个重要信息：第一，屋顶有点低，会撞到头；第二，用手推墙面的板，有些板会晃动；第三，四周全部用布围住，里面有点闷。针对新的信息，项目组成员又进行了调整……

他们决定拆开树屋，寻找问题产生的原因并进行调整。他们发现让屋顶变成坡状能增加屋顶的高度；把每块板的衔接处都钉上钉子，墙板就不会晃；去掉四周的雨布，只保留屋顶的，这样既不会漏雨又通风，还能看到更多的景色……

上述案例中，当目标任务即将完成时，帮助幼儿对问题解决的过程进行梳理、对起初的学习方案进行调整，是一个反思、优化的思维过程。持续的探究，不仅激发了孩子探究的兴趣，更促使其提升相关经验，发展"刨根问底"的科学精神和探究能力。

（三）赋权支持，建构整合性学习

学习中的幼儿，往往会喜欢重复性的活动并沉浸其中，这种学习带有很强的"娱乐"性质，教师也常被孩子这种看似愉快的学习场景所"欺骗"。此时，教师要有明确的目标意识，透过表象去观察孩子学习的本质，通过问题的推进和解决，助推孩子建构核心经验。同时，教师要赋权幼儿通过自己的方式，跟进与解决问题。

建模中的墙面围合　　　　　　对木板精确测量　　　　　　对木条分割成段

例如，"树屋"项目活动中蕴含了较多数学、科学的经验，并需要通过一定的技术能力得以实现，如选择合适的板材、精确测量木板长度、固定木板等。为了确保项目顺利开展，不把过多时间"浪费"在材料试错环节上，幼儿需要在项目开展前解决这一问题。针对这一需要，教师在班级特别创设了"创客区"，投入大量低结构的材料，如大小、长短不同的木板、纸板、木条，各类胶水及各种工具，幼儿可以自主选择材料进行建模，在建模过程中选出合适的板材、确定树屋木板的长度，并获得木板固定、墙面围合等经验。

三、优化学习方式

学习方式是指个体在进行学习活动时所表现出的具体偏好性的行为方式与行为特征，反映学习活动中的个体差异，与个体的性格及学习习惯有关。西湖区课程孵化的过程，是课程建设不断科学和优化的过程，同时也是教师"儿童观"不断优化和变革的过程。"儿童观"的改变直接作用于教学行为的转变。其中，对行为方式的优化，正是教育行为改变的起点和不断追求的行动目标。该板块主要阐述以多领域的融合、多场域的整合和多方式的拓展，促进幼儿的全面发展。

（一）多领域的融合：打破经验的壁垒

传统教育以领域教学作为教育方式，领域间的知识、经验是割裂的、零散的。而幼儿一日生活是一个整体，需要多种经验的整合运用和有效联结，形成系统的经验体系和运用体系。在解决问题的真实需要中，幼儿对各种经验的需求会促成幼儿自主学习的动机，从而自然而然地促进各领域自然的、生态的融合。多领域的融合既能够使经验得到综合运用，又能促进幼儿经验的全面提升。

案例 3-2-6　　　　　　　　羊

这个活动以"生命科学"探究为主线，但在探究过程中，需要各领域的经验和能力去协助完成。比如，用测量解决羊的体重和食物重量的问题，用语言和图文结合等方式表达自己的探究经验，用绘画来表达各种场景，用建构方式帮助小羊设计小房子，在寻求他人帮助和与同伴间的协商中获得交往的经验，在角色投入中获得游戏的快乐等。这种多领域经验的自然融合，无论是在探究活动的全过程，还是其中某一个节点中，都是无处不在的。

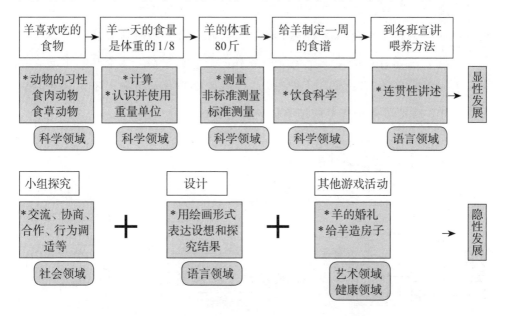

整合教育打破了单领域、单方式运用的格局，倡导并鼓励多方式在学习中的同步、交错、生态的运用，在探索中寻求更适合的、更有效的学习方式。但在全面发展的要求下，领域的整合不只限于由幼儿需要而形成的自然的整合，当探究过程出现领域缺失时，比如上述案例，幼儿在社会、科学、美术、语言类的学习和运用频次较多，而体育锻炼和音乐体验偏少，就需要教师通过启发和设计，增加音乐、舞蹈等活动，以实现完整学习的要求。

（二）多场域的整合：促进经验的联结

经验联结，就是懂得什么条件能使整个过程达到最优化。一日生活中多个场域空间给予幼儿更多的机会，让他们选择，并在这些选择和决策中学习，建立经验的联结。学习样态主要有集体活动、个别活动、小组活动等。

 案例 3-2-7 在沙池上造座桥吧

这是一个富有挑战性的活动，是综合运用经验和能力的活动，对相关领域的经验与实际建造有很高的联结要求，同时也需要不断通过新增相关的知识、经验、技能，解决建造中出现的各种问题。在持续近3个月的建造活动中，教师根据经验活动的不同方式，将经验的提升与学习融入不同样态的学习方式中，满足幼儿获得与联结不同经验的需求。

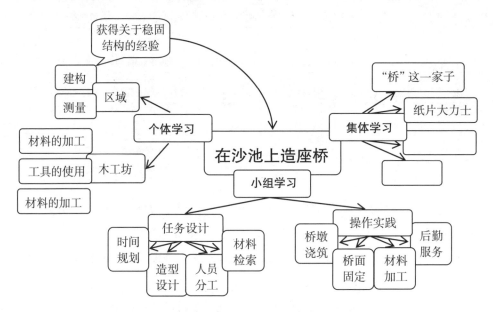

申花路幼儿园的小创客养成课程，是STEAM教育理念下一种基于经验整合的探究式课程，是一个以项目活动为主要开展方式的课程实施组织方式。在课程"整合"观的引领下，教师将区域与课程的联结、区域与区域的

联系、区域与幼儿经验发展的需求进行整合，形成一个相对闭环的学习系统和各种经验获得的循环系统，支持幼儿的深度学习。

（三）多方式的拓展：提升经验的运用

把幼儿获得的经验作为深层次学习的可能，于是，在鼓励、支持幼儿探究的基础上，会给幼儿更多的学习机会和探究体验。学习内容和经验的发展路径不同，学习与组织方式也会有所不同。在当下的课程实施中，主题活动和项目活动得到广泛运用。不管哪种学习方式，都倡导以幼儿的需要为依据，引导幼儿把自己看作是学习者，在课程中展示自己的想法。

1. 主题活动

以核心主题为探究主线，围绕主题开展学习活动，优势在于教师通过计划的预设，卷入与之相关联的经验，形成系统的学习内容和学习进程，从而帮助幼儿获得深度学习的经验和系统经验的获得，避免了经验零散、片面的问题。

案例 3-2-8

小和山幼儿园教师在"你好，水果宝宝"的主题中，发现"幼儿不会剥橘子、不想吃虾"，经进一步观察和分析发现，小班孩子"剥"的能力不足，于是生发了主题活动"哇！剥开来了"。

教师有效地将该活动衍生为关于"剥"的一个探究性的主题，通过和孩子一起调查、了解可以剥的食物，自主尝试剥一剥、分一分，找一找剥的方法并编一编儿歌，还策划了一场"剥剥挑战擂台赛"。孩子在趣"剥"、趣"念"、趣"比"中，从不会剥到愿意剥，从愿意剥到有技巧地剥，感受"哇！剥开来了"的成功与喜悦，在有趣、好玩的氛围中自然习得"剥"的技能。

案例围绕"剥"这一主题，把与主题相关的内容组织起来，形成一个整体结构，与幼儿的生活联系起来，让幼儿在探究学习的过程中获取相关生活经验，满足了不同幼儿的学习兴趣与学习需要，具备了主题内核"组织力、生活性、开放性"的基本要求。在主题活动中，幼儿运用已有经验对问题进行深入探究，并以多种方式表达探究的结果，从而建构对周围世界的新经验，提高思维能力、创造能力、交往能力和动手操作能力，形成积极的态度和情感。

2. 项目活动

项目活动是以一个问题的解决或一个任务的完成为前提，幼儿在教师的支持和助推下，通过计划—实施—回顾，最终解决问题或完成任务的活动方式。项目活动的优势在于幼儿在自主的探究性学习中，能始终保持学习的兴趣和热情，在亲历问题、解决问题的过程中习得新知识、获得新技能、提升新经验。项目活动是一种动态的、具有挑战性的、非预设的学习过程，教师需要追随孩子学习的行径和需求，给予支持和引导，帮助幼儿建立一条循序渐进的、系统化的学习路径。

案例 3-2-9　　　　　　　**小黑屋诞生记**

项目活动来源：文鼎苑幼儿园大一班孩子参观西溪湿地博物馆的"科学馆"，产生了也想在班里造一间可以玩光影游戏的小黑屋的想法。教师敏锐地捕捉到幼儿的兴趣点，由此生发了项目。

（1）唤醒经验，启动项目：改造前小黑屋教师通过问题的设置，了解幼儿的已有经验有：知道窗帘能遮光，需要足够大的窗帘把窗遮住、爬高需要梯子、能通过测量的方法知道窗户的大小。未知经验有：缺少解决问题的方法和实地测量的方法。对幼儿前经验的了解，是教师为幼儿建构学习支架的依据，也是发现和提炼幼儿兴趣发展方向的依据。经验唤醒的方式有很多种，比如：问题的梳理、调查、讨论、绘画表达等。教师需要了解幼儿对项目的认识、经验水平处在怎样的阶段，共性经验和个性经验存在怎样的差异等。

（2）运用经验，改造小黑屋：首先进行小黑屋的设计和模型的制作。孩子根据设计做了纸屋模型，但经验、想象与实际产生了冲突，让孩子发现了很多的问题："这个房子太小啦，我们根本进不去""没有设计窗帘""纸房子是粘起来的，很容易破"。之后重新设计方案。在讨论中幼儿又产生新的想法：可以有很多窗户、可以进两个人、在圆弧形小黑屋里面感觉很安全。

设计的过程中教师充分尊重幼儿的想法，允许幼儿试错。这样的学习过程也许需要很长时间，需要教师有足够的耐心去启发和等待。让幼儿在经验冲突中主动发现问题、调试方法，这样获得的新经验，印象较为深刻，也较为有效。

（3）学习经验，实施项目：项目实施的过程，是以问题为主轴架构，幼儿操作实践的过程。幼儿在问题的驱动下完成最初的任务。比如，在"屋顶怎么固定""用什么来撑屋顶""如何搭建柱子"等问题探究中确定结构；在"哪些东西可以遮光""哪种材料更遮光呢"等问题解决中找到合适的材料；在"用什么方法打造一个有星光的屋顶"等问题追问中寻求效果。追随幼儿探究和发展的需要，教师给予了孩子充分探究和学习的机会，并为孩子提供必要的环境支持、物质保障以及经验的推动。

（4）体验提升，完成项目：项目作品的使用，也是项目不断完善和调整的过程。幼儿可以继续通过问题的发现、经验的提升优化项目作品，从而得到持续不断的发展。

文鼎苑幼儿园的"小黑屋改造"，让孩子经历了"引发任务→设计计划→操作实践→反思提升"的完整的问题解决过程。从最初萌发想法，到不断在实践中尝试、检验、修正和调整，幼儿小小的想法在探究中得以实践。项目活动一般是一个有序的学习过程，在这个过程中，教师通过追踪幼儿兴趣持续的情况、观察幼儿需要满足的时机，为幼儿提供有挑战性的材料，在幼儿的学习遇到挫折的时候给予引导和适时的介入，以助推幼儿学习的持续和深入。

第三节　如何支持儿童的经验表达

本节我们走近儿童，一起探讨儿童在课程学习中的经验表达、表达的方式以及表达的意义。作为儿童研究者、课程的设计和执行者，如何积极支持儿童的经验表达？我们建议从聆听儿童内心的真实声音、解读儿童独有的符号表征、唤醒儿童多元的表达方式三个方面着手。

一、聆听儿童内心的真实声音

聆听是激发儿童积极表达的重要方式，所以新时期幼儿教师专业素养中，很重要的一个素养是学会聆听。儿童的内心世界藏着一个小宇宙，倾听儿童的心声，发现儿童的发现、了解儿童的思想、惊奇儿童的创意，教师就能让自己的内心随着儿童内心的声音一起回响。

（一）发现他的发现

儿童是天生的探索者，他们学习、思考着，不断构建着周围世界的内在模型。

1. 儿童是探索者

儿童都有一种与生俱来的探索精神和好奇心，他们生活在真实的环境中，客观世界的存在驱动着他们去探究这个真实而又神奇的世界，并与之发生着互动。对于这个世界，儿童有独有的思维方式。这种思维方式，是基于对物质环境的直接经验。比如：他们生活在家庭的关系系统当中，与家人谈话、相处，逐步了解家庭里的每一个人，性格不同、做事方式不同、社会角色不同等。他们在幼儿园的群体生活中，通过和小伙伴一起玩耍，和老师相伴互动，来感受同伴关系、师幼关系以及逐步建构对周围世界的发现和认知。当孩子试图理解并影响周围世界时，他们也会逐渐理解世界如何运转以及他们在世界中的作用。

2.无处不在的发现

儿童的探索精神值得敬畏，并需要聆听和发现。在儿童的眼睛里，处处都有对周围世界的发现。发现是一种真实的经历，发现也会带来未知的惊喜。

案例 3-3-1　　　　　　　**在寻常时刻中的发现**

春天里，五颜六色的花朵都开放了。在这美丽的季节里，会发生什么有趣的事情呢？文鼎苑幼儿园的孩子们带着自己制作的色盘，在寻找大自然中的花草色彩呢！不同颜色的花花，都要仔细比对过，才能插入色盘里。

很多颜色在幼儿园里找不到，怎么办？

带着色盘，到大自然中，和爸爸妈妈一起去寻找。比一比，谁先找齐色盘中的颜色……

此刻老师的思考：将那么多花花草草带到班级后，孩子们又会开启怎样的游戏与学习呢？老师不是所有活动的主宰，要先看看孩子的需求，再给予一定的指导。先观察孩子们与花草间的互动情况吧……

于是辨认香味、排排队、花叶分离、装扮伙伴、插花……那么多的玩法应运而生。

案例 3-3-2　　　　　　　　　**突发事件中的发现**

事件回溯：12月3日14点25分，"嘭嘭嘭！"几声突如其来的巨响，打破了文新幼儿园的宁静，也惊醒了睡梦中的孩子们。

到底发生什么事情了？巨响过后，大树一班的孩子们一片躁动，"嘭嘭"声、警鸣声……一股脑儿地钻进了他们的耳朵里。这下，孩子们马上变成了"小侦探"。

"一定是爆炸了！"

"是着火了！我听到了消防车的声音了！"

"是车子撞在一起了！嘭！很响的！"

"应该是放大烟花的声音，我听过。"

此刻老师的思考：孩子们的讨论有理有据，他们综合加工了刚才听到的声音，结合自己的经验，由此来判断可能发生了什么。不愧是大班的孩子，是不是等会可以和孩子聊聊这个话题，和他们找找到底发生了什么？

后续孩子们的行动：孩子们去试了开关，发现班级里的电灯不亮了，去了衣帽间，发现衣帽间里黑黑的。孩子们决定去外面瞅瞅，穿过走廊，路过办公室，走下楼梯，走进一楼弟弟妹妹的教室。孩子们发现整个幼儿园都停电了，变成了一个黑黑的"城堡"。他们用画笔记录下了他们对黑黑的幼儿园的感受与体验……

前两个案例中，文鼎苑幼儿园和文新幼儿园的老师，聆听和观察了孩子们的发现，生成了项目活动"春天里的调色盘""黑黑的幼儿园"。无论是春夏秋冬的季节更迭，还是风雨雷电的自然现象，无论是寻常的时刻，还是突发的事件，老师都需要发现和支持儿童，去敏锐地发现变化万千的世界万物。

（二）了解他的思想

儿童有自己的思想，有自己的哲学。我们通常说：儿童是天生的哲学家。

1. 儿童是思想家

思想家们早就注意到，儿童拥有哲学家的气质。美国学者马修斯提出："儿童喜欢并提出哲理性的问题，还要做哲理性的评论，比十三四岁的孩子做得更多。"要从哲学的角度观照儿童的精神世界。"发现儿童"重要的支点就是要深入了解并尊重儿童独有的思想。因为儿童拥有某种感知人本性的、敏锐的视角，可以透过很多纷扰，看到最本质、最重要的东西。走进、聆听，才能更好发现并了解儿童的思想；欣赏儿童思想的力量，才能明白什么是儿童真正所需的心灵养分。

2. 火花四溅的思想

儿童的世界是儿童自己去探索、去发现的，他自己索求来的知识才是真知识，他自己所发现的世界才是真实的世界。凡是儿童自己能够做的，应当让他自己做；凡是儿童自己能够想的，应该让他自己想。饱含儿童味道的课程，从发起到经历的全过程中，我们能够感受到儿童火花四溅的思想，在闪着动人的光芒。儿童的思想里，有着对未知世界的好奇和求知欲，也许是千奇百怪的问题，也许是独树一帜的想法，更有着儿童独有的审视和判断。甚至有时突破成人思维的禁锢，更显天真烂漫并富有哲理。

案例 3-3-3　　　　　　　　奇思妙想里

暑假过去啦！来上学的我们惊喜地发现，幼儿园的门厅里多了三个洞洞。

它的里面是什么样子的？

是干什么用的？

洞洞里有可爱的小动物吗？

洞洞能带我们去好玩的地方吗？

……

可以钻来钻去的洞洞，能在里面玩什么呢？天马行空的想法喷涌而出……

洞外面的墙是原始森林，洞里应该住着原始人吧！

我知道鼹鼠是住在地底下的，这是小鼹鼠的家吗？

洞口可以通往藏宝屋，冒险家能在里面找到宝藏。

通过洞洞我们可以去太空，或者能直接穿越到古代去，就像"时光机"。

案例 3-3-4　　　　　　　　**观察思考里**

我看见，早上小朋友从洞洞里"嗖"的一下钻出来就能走进班级，洞洞还能把我们送到幼儿园门厅。

如果洞洞是一个时光机该多好呀！

时光机？什么是时光机？你在哪里看见过时光机？时光机真的可以穿越时空吗？

机器猫的大口袋就是一台时光机，大家只要钻进它的大口袋，就可以到自己想去的地方！

我知道宇宙中还有一种洞叫"虫洞"，穿过"虫洞"就能回到过去我们出生的时候，真的是这样吗？

时光机真的可以带我们去想去的地方吗？假如我也有一台时光机，那会是一件多么神奇的事情啊！

……

此刻，老师的思考：孩子们的小脑袋里，一定有许多问题和想法。孩子们和这三个新鲜、有趣，充满无限可能的"洞洞"，会擦出怎样有趣的火花呢？我们给孩子时间和自由，和洞洞进行亲密接触，在钻进钻出、爬上爬下、东摸西瞧的过程中，奇思妙想会在孩子们的脑中迸发。这个时候，我们要做的是细心的观察和耐心的等待……

这两个案例中截取的片段，来源于莲花港幼儿园小树林课程中的一个生发项目"假如，我有一架时光机"，记录的是孩子们在幼儿园门厅里发现了3个洞而产生的奇思妙想。教师让孩子有了一定的时间充分探究，有了逐步清晰的思考和判断。儿童时而在问题中思考，时而在童话里畅游，时而在体验顿悟中理解和推断。他在想象和理性中自由地穿梭，不受现实思维的禁锢。作为教师，要珍视儿童这个年龄阶段特有的思想。儿童的经验表达，无论是懵懂的、浪漫的，还是清晰的、有逻辑的表达，都值得被尊重和等待。

（三）惊奇于他的创想

创想就是具有新颖性和创造性的想法。面对未来的素质教育更为关注人的创想能力。

1.儿童是创想家

每一个孩子天生就是创想家，他们的脑袋里总有层出不穷的念头，他们的身体里蕴藏着强大的力量。创想包括两方面能力：一是想象能力，儿童在已有形象的基础上，在头脑中创造出新形象的能力；二是创造能力，儿童的创造力在其进行的各种创造性活动中表现、形成和发展。幼儿特别喜欢以前没玩过的游戏，尝试做以前没做过的事情，从中萌发各种想象，并表现出令人惊奇的创造性。

2.灵光乍现的创想

想象在儿童学习与思维的发展中起着重要的作用。在儿童的学习与成长中，创造是一种面向未来的能力。我们重视来自儿童头脑的、可能随时闪烁的灵光乍现，因为那是支持儿童探究和创造的源泉。

案例 3-3-5　　　　　　　**现象是创造的源泉**

连绵的阴雨天，让杭城人民"不知晴为何物"，也让枫华府第幼儿园大班的孩子们，开始关注连续下雨的现象，萌发了各种问题：

怎么今天还是下雨天呀！我都快忘记太阳长什么样了。

是呀，每天下雨，我们好久没去战壕玩打仗的游戏了。

太阳到底去哪里了呢？

......

孩子们抛出了一个大大的问题：太阳，你到底去哪里流浪了！

针对"太阳，你去哪里了"这个问题，大班的孩子们对弟弟妹妹进行了采访。

中班的孩子们说：

"太阳公公照到水王星去了。""太阳公公去另一个地球了。"

小班的孩子们说：

"太阳公公和月亮婆婆去度假了。""太阳公公在和我们躲猫猫。"

案例 3-3-6　　　　　　创造是令人惊奇的能力

在自主运动游戏现场，孩子们对骑小车情有独钟，于是生成了一个全新的游戏项目——"跑跑卡丁车"。

孩子们利用周边各种体育运动器械搭建赛道，齐心协力将"M"赛道打造成型。木板和垫子合成了"无敌斜坡"；椅子和垫子合成了"九华山隧道"；梯子和攀爬架合成了"惊险桥洞"……游戏现场呈现了孩子们的无限创意。不久，问题来了！由于每轮参赛的幼儿人数有限，现场很多孩子处在等待的状态，怎么办呢？这时，天天小朋友提议可以由孩子们在赛道中扮演"移动障碍"。这可真是一个很不错的建议。很快，大家商量出一系列有趣的障碍，如呼啦圈套圈、充气棒击打、轮胎撞击……由小朋友扮演"移动障碍"，不仅避免了等待，也使原本固定的赛道"动"了起来。正是这些活动障碍的添加，让整个游戏更加有趣、有味。

活动中，孩子们一起发现问题、解决问题，无限创想并且大胆表达，成为游戏真正的主人。

我们能够感受到，创想的基础是要保护儿童的好奇心，好奇心萌发想象，想象激发创造，要让儿童有自己的经验表达，就需要让儿童从懵懂的好奇进入尝试、求证、动手操作过程。

二、解读儿童独有的符号表征

儿童除了用语言表达自己的思想和创想，也用行为表达自己的探究和经验。有一种儿童期特有的、珍贵的表达方式，那就是涂鸦和前书写。

（一）满足肆意的涂鸦

涂鸦是儿童视觉感受的一种自然流露，是认识社会、反映社会的一种方式。3—6岁这个阶段的儿童，喜欢拿起画笔、颜料等多种材料，表达自己对周围世界和事件的感受和思考，是内心心迹的写照，也是内心情感的抒发。

1. 发展的涂鸦期

涂鸦对儿童的手、眼、脑的协调配合，脑、眼对手的指挥能力，还有观察力、思维能力、想象力等，都有非常好的促进作用。

2. 支持肆意的涂鸦

作为有专业素养的幼儿教师，不仅要重视儿童涂鸦表达所呈现的意义，更要从儿童内心出发，用心去观察和欣赏儿童的作品。在课程行动里，我们能够欣喜地看见，儿童在活动感受体验充分的基础上，会用肆意涂鸦的方式积极表达。你会发现那不是漫无边际、简单的、幼稚的表达，肆意涂鸦的背后，是儿童自由思想的涌动，是自由创造的源泉，更是内心情感的声音。

案例 3-3-7 　　　　**涂鸦是儿童具象的表达**

表征型涂鸦	孩子们表达的新型冠状病毒和其他病毒	案例节选自申花路幼儿园课程故事《关于病毒，孩子们带你长知识》
设计型涂鸦	会发出小猪逃跑信号的车房　　用砖头和桌子组合搭建的房子 孩子们为小猪设计的各种房子	案例节选自紫荆幼儿园课程故事《园宠小香猪》
事件型涂鸦	关于这次新冠肺炎疫情，孩子们表达了"我爱中国，大家加油"的想法。	案例节选自"西湖儿童研究"微信公众号《疫情面前，我们一起加油》

以上节选自不同幼儿园课程案例的照片，主要呈现了儿童的涂鸦表达。随着年龄段的增长，涂鸦表达的方式以及表达的丰富性会随之增强。表征型涂鸦，儿童用寥寥几笔，表达简单的感知和认知；设计型涂鸦，儿童带着

设计的想法，表达丰富的想象和创造；事件型涂鸦，儿童带着对事件的理解，表达连贯的故事与情境。无论哪一种，都是儿童从内心出发，表达真实的想法。我们要积极支持儿童直观又形象的表达方式，让孩子拥有一个快意涂鸦的童年，能够留下珍贵而又稚拙的童年印记。

（二）读懂萌芽的前书写

1.萌芽的前书写期

前书写指儿童在未接受正式的书写教育时，根据环境中习得的书面语言知识，通过涂鸦、图画、像字而非字的符号接近正确的字等形式进行的书写。随着儿童逻辑思维能力的不断增强，培养前书写能力以及与书写有关的态度、期望、情感、行为技能等的学习活动也日益增多。前书写作为使用多种方式表现的"非正规"的文字书写活动，能够让儿童建立握笔习惯，与纸笔互动的经验，感受和明白一些文字组成的简单规律并熟悉书面文字字形，理解词汇，从而有效地提高读写和语言能力。

2.解读特别的符号

在课程实践中，越来越多的老师认识到儿童表达的多样化，也认识到了前书写对儿童发展的意义，尤其在幼小衔接阶段的重要意义。因此，在各种活动中，教师积极支持儿童运用前书写的方式去了解周围世界以及自己的想法、态度。

案例 3-3-8　　　　　　**前书写是儿童意象的表达**

思维导图类书写	信件表达类书写	文字迁移类书写
	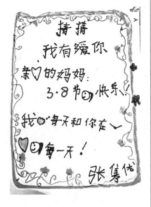	
解读：鹌鹑住在哪里	解读：妈妈，猜猜我有多爱你	解读：门口贴的春联，你看懂了吗

　　以上列举的是儿童在主题活动或者项目活动中的前书写表达。除了思维导图类、信件表达类、文字迁移类的书写，前书写还有其他表达方式。需要注意的是，要让幼儿有丰富感受和体会的机会，恰当地把握时机，支持儿童的前书写，引导幼儿运用前书写将探究过程记录下来，表达发现和诉求，逐步将活动引向深入。教师要积极解读儿童的文字符号，并与之产生积极的互动，提供展示的平台，供儿童与前书写作品之间产生有意义的连接。

三、唤醒儿童多元的艺术表达

　　艺术来源于生活，并高于生活。近年来，西湖区各所幼儿园在支持儿童的学习与表达的方式上，各有创新的研究，激发儿童艺术的灵性，引导儿童喜欢自然界与生活中美的事物并用多元的方式艺术表达。

（一）唤醒自由的美诉

儿童的世界是诗性的。在诗性的世界里，教师要善于倾听幼儿对美的诉说，聆听、尊重、欣赏、支持儿童运用美术的材料自由的表达。

1.玩转色彩

色彩的感觉是一般美感中最直观的形式，是认识事物的第一印象。审美过程中，对色彩的印象较之其他元素更深。转塘幼儿园的"萌童设计馆"项目就是在课程的背景下，借力中国美术学院儿童工作坊老师专业的艺术指导，和孩子一起进行的关于色彩探究的项目课程。

案例 3-3-9 　　　　　　　　　　**色彩的艺术**

转塘幼儿园的萌娃娃，家住中国美术学院边，经常走出幼儿园去看展览。当孩子们参观了欧洲海报艺术展后，鲜艳明亮、对比强烈的海报作品，给大家带来了非常强烈的视觉冲击。参观结束后，很多小朋友都对这次海报的内容念念不忘。于是，看看有趣的色环，理解相近色；找找大师的作品有哪些相近色；在拼拼贴贴的游戏中发现相近色的有趣。

彩色实物拼贴游戏

色彩的美，是需要去发现，去品赏的。发现、寻找、游戏的过程，就是儿童不断深入感受色彩美的过程。

2.材料创玩

材料是支持幼儿表达的重要媒介物。没有材料的支持是不符合儿童学习特点的，是空洞的学习。美术创作中，前期欣赏需要材料，如生活中的美的事物、美的作品。创作过程中需要丰富多样化的材料，来支持和满足幼儿的艺术创作。后期评价需要关注儿童表达、表现中使用材料的想法和创意。

案例 3-3-10　　　　　　　　**材料的创意**

　　申花路幼儿园的一群孩子认为幼儿园的花架不太好看，花架应该样式更多一点，材料更丰富一些。商量一番后，他们决定改造幼儿园的花架。他们寻找并收集生活中各式各样的花架，制订花架改造计划，打算用木板、砖块、轮胎、废旧自行车等材料来改造花架。在动手制作的过程中，遇到了各种问题，比如关于尺寸、工具使用、拼接方法、样式设计等问题。他们通过测量、比对、尝试，一次次调整设计稿，一次次将想法付诸行动。他们根据现场的实际情况设计、制作出了合适的花架造型，布置场地，摆放花架，最终完成了属于他们自己的"手作花架"，还将平时自己喜欢的植物、花草添加其中，营造美丽的观景区域。

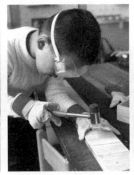

　　制作"手作花架"的过程，蕴含了孩子们对材料的认知、运用、创想和创美。整个过程充满了孩子们的好奇探究和无限创意，满足了"小创客"们动手制作的兴趣、需求。动手扮美生活，是一种面对未来美好生活的重要能力。

3. 借形想象

美术不仅是色彩的艺术，也是材料创意的艺术，更是回归儿童学习本身的一种艺术。从追求美术技能的目标转为儿童美的表达的目标，教师更关注儿童自己的想法和艺术表现。我们可喜地看见，儿童对美的表达更有个性了。

案例 3-3-11 　　　　　　　　　**设计的灵感**

"黑洞"的消息，对"文新小城"的小公民来说无疑是一个特大新闻，引发他们将目光投向地球之外。孩子们的"十万个为什么"被激发了出来……

咦！黑洞，你到底是什么呀？

漫谈了"什么是黑洞""黑洞在哪里"的大猜想后，孩子们怀着极大的兴趣，看看关于黑洞的视频，一起寻找答案，并且通过借形想象的方式尝试创意添画。

JOJO：黑洞就像小汽车的轮子，还是风火轮。

小轶：黑洞像火焰，我把它变成火箭上的喷射火焰。

天天：我把黑洞变成喷发的火山岩浆。

子越：我把黑洞变成甜甜圈，上面还有糖霜。

果果：我觉得黑洞很像一双眼睛，看着大大的宇宙。

……

若看到用借形想象表达的幼儿作品"黑洞"，你真的会惊叹于孩子们的艺术表现。哪怕是同一个黑洞，在前期丰富想象以及语言表达的交流下，儿童运用美术表达的方式，创造出令人心生敬意的作品。真的要从心底里敬畏儿童，因为，他们的美术作品里有着成人世界无法企及的无边界的想象。

（二）激荡内心的歌唱

艺术中很重要的一个形式，就是让儿童欢快地歌唱。这也是一种儿童尤为喜欢的表达方式，只是那个瞬间容易被忽视。需要我们更加关照来源于孩子心灵的感受和由此而来的自由歌唱。

案例 3-3-12　　　　　　　　　**自然的歌唱**

紫荆幼儿园来了一只小香猪。孩子们对这个新朋友非常好奇，于是向园长妈妈申请认养这只小香猪。

孩子们萌生了关于小猪的"十万个为什么"。

他们关心小猪吃什么，为什么会发抖，为什么会臭臭的……

于是，他们开始了积极的行动，给小猪洗澡，给小猪造房子。

老师捕捉到了两个珍贵的瞬间，孩子们给小猪洗澡的时候，唱起了一首歌：

"噜啦啦噜啦啦噜啦噜啦嘞、噜啦噜啦噜啦噜啦嘞……"

"我爱洗澡、皮肤好好……"

孩子们给小猪设计了一个摇篮房，小心翼翼放小猪进去的时候，有孩子带动着其他孩子又唱起了改了词的摇篮曲："睡吧，睡吧，我亲爱的小猪……"

孩子们精心准备给小猪过生日，带来了娃娃家的各种瓜果蔬菜以及生日蛋糕，唱起了生日歌："祝你生日快乐，祝你生日快乐……"

以上孩子们自由萌发的歌唱片段，源于同一个项目活动"园宠小香猪"。有心的老师将儿童自由歌唱的情境录制了下来。从孩子们的眼神里、欢乐的歌唱里，能感受到歌唱真的是儿童源于心灵的一种表达。

（三）回归生活的戏剧

生活即艺术，艺术能表达和再现生活。儿童戏剧作为一种综合的艺术，能促进儿童的完整学习和成长。它可以调动儿童用丰富的表达形式进行综合的表现表达。我们始终坚信，课程在儿童的生活和行动里，那么，戏剧的综合表达也需要来源于儿童的生活，并回归儿童的生活。

案例 3-3-13　　　　　　**由寻常物件萌发的戏剧**

幼儿园里来了新乐器，竖琴、打击乐器、8度高阶木琴。

大家都来玩一玩，发现太吵了，有刺耳的噪音。

那么，什么是乐音？什么是噪音？

一起来玩一个"乐音和噪音"的戏剧小游戏吧！听到好听的音乐自由地舞蹈；听到噪音就停止，表达出你此刻的心情。乐音和噪音的戏剧游戏体验，使孩子感受到噪音和乐音的不同，以及自己的感受，并用肢体、表情进行表现、表达。

了解了乐音和噪音，孩子们又开始研究如何用乐器弹奏出好听的声音，研究可以怎样让新乐器发出好听的乐音。

整整一个月，孩子们经历了与乐器之间的种种，也成就了生活戏剧故事《操场上来了新乐器》，还分小组排练和创编了三幕戏剧：第一幕，乐器来了；第二幕，乐器生气了；第三幕，一个一个敲。最后形成的戏剧游戏，被搬到了幼儿园的大屏幕上，成了新乐器玩法的宣传片。

案例 3-3-14　　　　　　**热点事件萌发的戏剧**

苍耳，长在田间一种不起眼的小刺球。当孩子们刚看见这个尖尖带刺的苍耳，不敢触碰，害怕的同时又对这个陌生的植物充满好奇。胆大一些的孩子尝试用小手轻轻触摸，感受到尖尖的小刺触到皮肤会痛。他们还有了奇妙的发现，苍耳和苍耳碰在一起，会牢牢粘在一起，就像一对好朋友……他们带着小苍耳不断尝试、探究，发现了很多秘密。在孩子们眼中，小苍耳不再是一种陌生的植物，更像是一种好玩的游戏材料。

这些关于苍耳的鲜活的探究经验，成了孩子们戏剧表演的素材。在戏剧游戏中，孩子们的表达是那么生动。发现苍耳的惊喜、触碰苍耳时的疼痛感、多个苍耳粘连在一起的好玩的感受，都在戏剧游戏里得到了真实的还原和表达。儿童的生活经验自然转化和升华为艺术的表达和表现，让幼儿在戏剧表演时的情绪、情感更加真实。

以上两个案例均来自紫荆幼儿园孵化课程"微戏剧游戏"。《乐器也疯狂》中，儿童对生活物件的关注和探索引发了丰富的戏剧表达，这些表达又可回归和运用于生活。《班里来了小苍耳》中，儿童关注的生活热点事件引发了持续的戏剧小游戏，催生出孩子们鲜活的生活化戏剧。

孩子有一百种语言，一百双手，一百个想法，一百种思考、游戏、说话的方式，一百种倾听、惊奇、爱的方式，一百种歌唱与了解的喜悦。儿童的表达自然也就有一百种。支持儿童学习的课程在设计和实施的过程中，需要积极支持儿童运用特有的表达方式，表达儿童的表达。因为，儿童就是儿童，儿童的表达饱含儿童的味道。

第四章

成为更好的自己

——师幼共同成长

第一节　有能力的学习者

自2017年1月至今，西湖区从实际出发开展基于"儿童立场"的课程孵化行动，力图以此推动区域课程的改革。在此期间，西湖区各幼儿园都对课程建设倾情投入。通过课程改革实践，老师们的课程意识正在全面觉醒。这种觉醒表现为教师尝试以儿童的视角来发现课程内容，以儿童的立场来审视课程价值，以儿童化的方式来优化课程实践，不断追求课程的适宜性和有效性。正是科学的儿童观和课程观，使课程改革富有生机和活力，具有强大的生命力。在课程孵化行动中，"有能力的学习者"的儿童形象在一个个有温度的、有生命力的课程中得以彰显。

一、专属于儿童独特的学习方式

《指南》中指出："儿童的'学习'就是通过自己特有的方式与周围环境互动的过程，无论是内容还是方式，都有自己的独特之处。而'游戏'是儿童极有意义的学习过程和学习方式，儿童自己的生活是其学习的最重要的途径。因此，教师要珍视游戏和生活的独特价值，创设丰富的教育环境，合理安排一日生活，最大限度地支持和满足儿童通过直接感知、实际操作和亲身体验获取经验的需要。"

1. 在真实的生活情境中直接感知

儿童的学习是以直接经验为基础，在游戏和日常生活中进行的。儿童学习过程中经验获得的必要条件是"环境"，经验生长的土壤则是"情境"。我们会有意识地根据幼儿的兴趣点，利用丰富多彩、生动鲜活、贴近儿童生活的真实情境，鼓励儿童直接感知，从而了解儿童的思想和行为，追随儿童的兴趣，积极地给予支持。

如春天到了，莲花港幼儿园的孩子们走进"小树林"种植区，看到了枇杷树、黄瓜、四季豆等各种瓜果蔬菜。在亲近自然的过程中，孩子们自发承担起照顾瓜果蔬菜的任务，一些照顾植物的经验被充分激发。随着植物的生长，他们通过观察，发现了植物形状、颜色、大小等多方面的变化，进一步积累了认知经验，自然而然地开启了一场探索植物生长之旅。又如龙坞幼儿园的孩子们，在老师带领下走进幼儿园附近的茶园，发现茶农竖在茶园里的一块块黄色的小牌子。当得知这是用来诱捕昆虫的黏虫板，有保护茶叶生长的用途后，孩子们产生了做黏虫板的想法。他们尝试了各种颜色、黏性材料，经过反复比较和试验后，设计出了充满创意的、功效显著的个性化黏虫板，在探索中解决生活中遇到的问题。

我们的老师越来越清楚地了解到，儿童能从环境中直接获取经验。在支持儿童获得"有益的经验"时，教师可以变环境为情境以激发幼儿兴趣，自然引发儿童积极主动、自觉自愿地与环境互动，产生内在的动机和兴趣。

2. 在具体的驱动任务中实践操作

激发与保持儿童的学习兴趣与动力是学前教育最重要的任务之一。随着课改行动的推进，每一个课程案例中总少不了一个个激发儿童内在学习动力的驱动性问题，它们形成一个个驱动性任务，使得儿童主动进行持续性的思考、多向度的操作探究。行动的每一步不是由教师来规定或指派，而是由儿童自己通过思考、协商、合作来完成，因此，他们在活动中始终充满着热情。

例如，在三八妇女节，教师组织孩子们给妈妈准备节日礼物。以往活动的开展通常为教师确定做什么礼物，全班孩子跟随教师的操作步骤在30—40分钟内完成。而文一街幼儿园的孩子们则通过调查访谈确定妈妈想要的礼物。幼儿根据礼物类别自由分组，以气泡图的方式制订制作礼物的计划，师幼共同准备制作材料，孩子们自主学习制作教程、合作探究操作步骤。随着儿童观和课程观的转变，教师更关注儿童学习时的投入状态和探究行为的深度。

从以上案例中不难看出,教师对幼儿思维能力的认识,来源于儿童用灵活的思维方式不断解决问题的过程中。面对热情投入的儿童,教师往往会感到震撼、惊讶。渐渐地,我们发现在满足孩子内在兴趣需求的驱动性任务的探究过程中,孩子们展现的是一个个富有童趣的、有蓬勃生命力和灵活创造力的学习者的形象。

3. 在游戏性的学习场域中亲身体验

游戏是儿童的基本活动。创设游戏性的学习场域利于唤醒儿童的自觉性和主动性。儿童在亲身体验的过程中,其认知、情感和创造力等能力得到唤醒、整合与发展。

如新学期,紫荆幼儿园的养殖区来了一只小香猪。大六班的孩子们向园长妈妈申请将小香猪接到班里,在与小香猪相处的两个月时间里,孩子们从照顾小香猪的亲身体验过程中,延伸出了一系列他(她)们和小香猪之间的故事。最后自然生发了孩子自编自导自演的微戏剧。正是在这种游戏性的学习场域中,幼儿通过亲身体验,丰润情感、丰富审美、丰满人格。

在课改的推进过程中,我们的教师越来越关注儿童的本位需求,通过游戏性的学习场域,使儿童沉浸愉悦的亲身体验,引领儿童经历美妙的、充满游戏精神的学习之旅。让我们看到了专属于每一个儿童个体的智慧与创造,以及儿童精神生命的成长。

二、儿童成为生活和游戏中的小主人

当老师真正认识到"儿童是有能力的学习者"的时候,才会收获这样的教育经验,即"适当放手"。于是,在课改的行进过程中,我们看到老师将固有的"成人视角"慢慢改变为"儿童视角",开始倾听、尊重并接纳儿童的所思所想,充分满足儿童真实的需求;开始放慢脚步,信任儿童的所说所做,给予儿童毫无顾虑的试错机会;开始读懂并支持儿童的学习与发展,鼓励儿童自己能做的事情自己做。

1. 充分满足儿童真实的需求

儿童的需求具有层次性、多样性，在不同的发展阶段，甚至在不同时刻，需求都是不同的。在课改的推进过程中，我们看到了老师们在一日生活中，开始有意识地倾听、观察儿童各种各样的言行，支持儿童主动提出困惑和问题，由此，儿童真实的需求被看见、被悦纳、被支持，教师与儿童一起学习。

如2019年元旦，留下幼儿园的老师们费尽心思策划元旦活动时，一次偶然的谈话中，孩子们提议去秘密基地搞元旦活动。于是，围绕"策划一个活动需要做哪些准备工作"这一话题，孩子们讨论梳理出了一系列的想法，如：确定参加人员，设计游戏玩法，准备游戏材料，整理材料包，确定游戏场地，自制纪念品，元旦当天活动安排等等。一场充满着儿童味道和真实需求的"我的元旦'自然'我做主"活动应运而生。

儿童的需求是合理的，儿童的需求是不断发展的。我们需要寻找"儿童天性"和"教育目的"之间的平衡点，充分显现儿童真实的需求。

2. 儿童可以毫无顾虑地试错

儿童对知识的渴望和对探索的热情经常感染着老师。于是，老师越来越相信儿童、理解儿童，理解他们的童趣、童真，关注他们的感受，为儿童创设能使他们感到被接纳、关怀、支持的良好环境，给予儿童毫无顾虑的试错机会，支持儿童深层次的学习。

案例 4-1-1　　寻找幼儿园里的"野生"动物

主题"动物世界真奇妙"接近尾声了，但班里孩子对于动物的兴趣依旧不减。于是，一场寻找幼儿园里的"野生"动物的项目活动就自然产生了。在寻找动物、观察动物的过程中，教师总是给予无条件的支持，允许孩子们毫无顾虑的大胆尝试。在此过程中，师幼一起发现问题、分析问题，并支持孩子继续进行新的尝试。

表4-1　留下幼儿园大班主题"动物世界真奇妙"延伸活动

过程	孩子的尝试	发现的问题
一、寻找	孩子们在幼儿园找到了蜗牛、蚂蚁、甲壳虫等"野生"动物。	分散寻找的结果是零散的。
二、观察	第一次观察：每个人决定好观察什么动物就各自出发。	观察过程中被旁人所吸引而转战其他；缺乏持久性；无法专注，观察记录变回了寻找记录。
三、做观察计划书	小组各自制订观察计划。	其他小组看不懂计划书。
四、再次观察	第二次观察：明确各自的分工和任务。	蝴蝶组、小鸟组、松鼠组，观察失败，因为有的动物看不清、有的动物找不到。
五、继续观察	上一轮观察中失败的孩子进行积极调整，投入到第三次观察中。而这一次，有转变、有机遇、也有释然……	

儿童的成长是"螺旋式"的，是在不断尝试新事物，不断战胜恐惧，不断挑战未知，不断试错中实现的。

3. 儿童自己能做的事情自己做

儿童教育家陈鹤琴在他的"活教育"原则中指出："凡是儿童自己能够做的，应该让他自己去做，凡是儿童自己能够想的，应该让他自己想。儿童自己去探索、去发现，自己所求来的知识才是真知识，自己所发现的世界才是真世界。"在具体的实践中，老师发现儿童虽然有时候会依赖成人，但是当他们在充分展现自我，独立解决问题，勇于开拓与探究中，认识自己的力量和能力时，会主动推开成人伸过来的手。由此，老师越来越认识到"教育要适当放手"。

如受疫情影响，家长不能进入幼儿园，那么怎样将孩子们需要换洗的棉被从教室运送到园门口？文一街幼儿园的老师意识到这是一个难得的开展劳动教育的契机，于是和孩子们一起讨论和探索运送棉被的方法。经过多次尝试，孩子们终于完成了这个充满挑战的任务，收获了成功感。老师则从中体悟到真正的赋权在于相信儿童有解决问题的能力，他们能通过探索、尝试、合作和交流，努力做到原本"做不到"的事情。又如，申花路幼儿园要举行十周年园庆，如何给幼儿园过生日？教师将问题抛给了幼儿园的小主人们。孩子们自主商量如何布置环境、如何准备礼物、如何设计仪式活动，充分体现了儿童的自主性。

让幼儿独立解决问题会收获意想不到的效果。教师的适当放手会给幼儿更多独立成长的机会，让儿童真正成为生活和游戏的小主人。

三、儿童拥有良好的学习品质

积极的学习品质是儿童学习的基础，是儿童发展的起点，是儿童终身学习的重要保障。由此，越来越多的研究者将学习品质的养成视为优化儿童学习及其成果质量的重要手段。同时，越来越多的实践者将其视为学前教育教学改革和学前教育质量提升的关键抓手。在课改行动中，我们看到了一个个鲜活的"有能力的学习者"的儿童形象，他们身上拥有着乐于坚持与专注、敢于探究和尝试、善于获取和处理信息、极富想象力和创造力等优秀的学习品质。

1. 乐于坚持与专注

学前儿童的坚持与专注的品质尚在发展之中，不过，学前期是培养儿童坚持与专注品质的重要时期。在儿童的心灵中有着一种与生俱来的"内在生命力"，这种生命力是积极的、活泼的、发展着的，它具有无穷无尽的力量。当儿童的内在驱动力被唤醒，就会呈现坚持与专注的学习状态。

例如在申花路幼儿园开展 STEAM 课程典型项目之一的"手作花架"的过程中，孩子们在调研实地情况、掌握工具使用、测量花架长度、探究花架的拼搭技巧等方面，

一直与同伴商讨遇到的问题，并通过多次尝试和调整，解决一个又一个问题。

2. 敢于探究和尝试

当儿童充满好奇心的时候，他们在面对新的人、事、物时，会有进一步探究和尝试的兴趣。敢于探究和尝试是学前阶段非常重要的学习品质之一。在幼儿发现问题、分析问题和解决问题的过程中，这种品质可以帮助其不断克服困难、积累经验，并将经验迁移运用于新的学习活动，形成终身受益的学习态度和能力。

例如临近运动会，闻裕顺幼儿园大三班的孩子们每天练习跳绳。突然有一天，孩子们开始探究绳子的别样玩法。通过讨论，孩子们想在树之间绑上绳子，做秋千、滑索、独木桥。于是，他们尝试学习打结，学会打结后，他们又到选定的地点进行实践。一个月的时间里，孩子们从设想到实践，无法细数经历了多少失败，但他们却从不轻言放弃。

3. 善于获取与处理信息

信息化社会强调培养人的"信息素养"，即选择、处理和应用信息的能力。由此，我们在推进课程改革的过程中，会设计相关教育目标，创设较多的机会来鼓励、支持儿童通过多种途径获取信息，培养分辨、处理及应用信息的能力。

例如在正在建造施工的西湖大学边上的三墩双桥幼儿园里，大班孩子们对挖掘机产生了浓厚的兴趣，他们决定好好研究一番。于是，他们结合各自的问题清单去找答案。有的孩子在家长的帮助下上网查询；有的孩子从绘本《会飞的挖土机》中寻找答案。孩子们还通过写信的方式申请去实地参观。出发前，孩子们将所有的问题通过思维导图的方式进行梳理，参观后用红笔把答案记录在问题旁边。两个多月的研究与学习让孩子们成为挖掘机小专家。

4. 富有想象力和创造力

儿童能够发挥想象力，创造性地进行游戏与学习。在解决问题时，他们能够尝试运用多种方法去解决。当看到儿童富有想象力和创造力的想法和行为时，教师常常赞叹不已。

例如，小和山幼儿园大一班孩子们在一次餐后的畅谈活动中对电子游戏"汤姆猫跑酷"产生了浓厚的兴趣。于是，师幼商量着将线上游戏搬到线下。针对"怎么跑"，孩子们讨论出了"跳跑、站跑、跨跑、滑跑、弯弯扭扭

跑、左跑右跑"等形式。关于跑道中的道具的设计，孩子们讨论出了"头盔、禁止通行、飞机、降落伞、急救包、炸弹"等道具。几次游戏后，孩子们想要提高游戏的难度。于是，他们创造了"人体移动跑道"和"器械移动跑道"两种移动的跑道。随着活动的开展，孩子们设计的玩法越来越丰富，比如将纸箱作为火车进行游戏、滚滚筒前行与绕障碍跑相结合等等。

学前教育课程改革中最需要坚守的是方向、理念和价值观的科学性。课程改革体现着新时代人们对儿童观的新的认识与理解，它主张以儿童的可持续发展为本。当教师真正将理念内化，他们在与幼儿的相处中会受到幼儿行为的触动和影响，并深信儿童是有能力的学习者，向儿童学习。

第二节　有创见的表达者

"创见"在《现代汉语词典》中释为"独到的见解",蕴含有思想、有创新、别具一格之意。这里的儿童是"有创见的表达者",不是指向表达内容的新颖,表达方式的独特,而是强调表达者本身,强调每个孩子的独特性。西湖区基于"儿童立场"的课程孵化行动所提出的儿童是"有创见的表达者",是指儿童在生活和游戏的场景中,将自己的感受、体验以语言讲述、图文记录、工具操作、肢体表现等多种外化的方式进行表达表现的过程。

教师要尊重儿童每一次的亲身体验与实际操作。教师要看见儿童,看见有"创见的表达者",即看见每个儿童的所思所想,看见每个儿童对这个世界的好奇与探究,看见儿童内部生长的力量。

一、充分赋予儿童表达权利

联合国《儿童权利公约》的第7条和第8条规定:确保有主见能力的儿童有权对影响到其本人的一切事项自由发表自己的意见,对儿童的意见应按照其年龄和成熟程度给予适当的看待;儿童享有自由发表言论的权利。《纲要》总则中明确指出幼儿园教育应尊重幼儿的人格和权利,尊重幼儿身心发展的规律和学习特点。《指南》中也强调教育要遵循儿童发展的规律和特点,尊重个体差异,尤其是要"最大限度地支持和满足幼儿通过直接感知、实际操作和亲身体验获取经验的需要"。西湖区的本次课程改革在确保儿童权利,尊重儿童发展的基础上,让教师摒弃成人的权威和强势,努力用平视的眼光、平和的语气、平静的心态去实施课程,学习理解儿童的表达,并提供积极有效的支持。

1. 宽松自在的表达环境

为儿童提供一个看得到、摸得到、听得到、闻得到的地方，儿童在这个地方可以唱一唱、聊一聊、躺一躺、贴一贴、画一画……在这个安全感、存在感、自在感十足的表达空间里，儿童可以随时随地进行表达，做环境的主人。

（1）变"美化"为"生活化"。随着课程改革的不断深入，在"有意义的环境"创设理念引领下，教师不仅仅强调班级墙面的美化功能，更以儿童为本使墙面环境成为表达见解、体现思考、展现活动的场域。每一处墙面既是儿童展示自我的舞台，也是互动交流的地方，儿童在这里可以进行涂鸦、记录。墙面中的话题来源于儿童，他们可以在游戏与生活中及时呈现他们的感受，表达他们的情绪。

（2）变"领域区"为"材料区"。班级区域不再刻板地按游戏领域内容分设，而是根据材料性质进行划分，打破人为区域界限，给予儿童充足的活动空间和多样的材料，儿童可以根据需要自主选用。美工区的各种图文表征可以在其他相关区域中展示；建构区中会有相关的书籍、记录纸和笔……区域是儿童表达自我的重要场所。

（3）变"小环境"为"大环境"。除了班级教室的空间，走廊、户外游戏场、小树林等空间都是儿童表达自我的地方。教师要借助自然资源去打开儿童的感官，让儿童的天性在与自然的联结中，得到最大程度的保护和释放。儿童需要什么，表达什么，我们就给予最大的资源保障与支持。宽松自

闻裕顺幼儿园班级一角

紫荆幼儿园紫霞园区材料区

申花路幼儿园户外一角

在的表达环境让儿童在灵光乍现时可以随时随地表达。

2.自由自在的表达方式

每个儿童都是独一无二的,都有自己的生活体验、思维方式、表达方式。在课程改革中,教师需要不断反思和调整自己的儿童观和支持策略,要站在儿童立场上,发现并理解儿童的表达。当教师能与儿童共情时,儿童的千百种表达才能被看见、被呵护、被支持。

(1)儿童可以选择自己喜欢的方式进行表达。3—6岁的儿童可以用多种方式表达和展现自己的所思所想。他们通过语言表达感受,与他人沟通交流;通过绘画表征传递自己的情绪和认知;通过科学探究表达内心的好奇和思考;通过游戏表达对世界的理解与想象……无论儿童用什么样的方式去表达,教师始终要保持开放的心态,努力发现儿童身心中蕴藏的力量。

想象游戏中的儿童(文新幼儿园 文一街幼儿园)

(2)儿童可以遵循自己的节奏进行表达。在课程改革的路上,越来越多的儿童的表达被教师看见与珍视,这也让教师重新理解儿童发展过程中的差异性。尊重差异就是尊重每个儿童不同的发展规律,在课程实践中教师设计了更多个性化、弹性化的活动内容,做好生活安排。增设"停留"环节:将未完成的作品给予"停留",留下继续创造的空间;将儿童的发现和好奇给予"停留",留下讨论、猜想验证的空间。

自由自在的表达,是儿童主动积极与他人互动的表现,展现的是童心的至真、至善、至美。儿童走走、看看、想想、做做,他们有事可做,却又不紧不慢,这正是幼儿享受学习的样子。

3.全心全意的接纳与回应

教师是儿童形影不离的伙伴,是儿童表达的重要对象和反馈者。教师要全心全意倾听儿童,全心全意接纳儿童,全心全意理解儿童。在课程改革实践中,师幼关系的重塑为儿童表达提供了保障。在互动的过程中,教师的接纳与回应弥漫在师幼互动的方方面面,在这种环境中,儿童的表达会更加亲切和自然。

(1)一颗童心去共情。教师能感受到儿童的喜、怒、哀、乐,注意到儿童微小的发现,觉察到儿童的困惑与好奇,惊喜于儿童的每一次创作。教师在面对每个稚嫩的脸庞时,试着让自己成为儿童,作为伙伴与孩子们共同去探求、去质疑、去发现。在留下幼儿园的"幼儿园里最好玩的地方"的推选活动中,孩子们没有选择精美的大型玩具,没有选择丰富的活动器材,而是选择了幼儿园里因地势而建的一组台阶。这出乎老师们的预料。"为什么是台阶呢?"老师试着用儿童的眼光重新去认识幼儿园的环境,理解幼儿的表达。最终在理解、追随、支持中,在课程活动的不断生发中,教师从儿童的表达中感受到"台阶"的巨大魅力。这是儿童有创见的魅力。

(2)一双慧眼去发现。教师会关注到每个儿童的表达。很微小的一个表情,无足轻重的一个疑问,毫不起眼的一件作品,抑或是一点点行为上的改变,都会被教师的慧眼捕捉到,进而从儿童的表达中挖掘教育价值。教师透过儿童的表达,层层推进,层层支持,不断发现问题,解决问题,形成一系列支持儿童的教育活动。教师在儿童的身后,默默倾听,细细品味儿童的表达,在互动中与儿童共同成长。政苑幼儿园的老师与孩子们在园内散步时意外发现了藏在大树底下的蘑菇,这引发了孩子们的围观和议论。更令人惊奇的是一周以后蘑菇又神奇地消失了,孩子们越发好奇。教师一直在一旁默默地观察与倾听,在此基础之上挖掘教育的价值,在孩子们各种体验与行动中提供支持,帮助儿童寻找答案。

当教师信任儿童与赋权儿童表达的权利,也就意味着教师将全心全意无条件地接纳和回应儿童的表达，在课程活动生成发展的路上，欣然迎接孩子们的一百种表达！

二、看见与呵护儿童的创造性

儿童是哲学家，是艺术家……多少伟大的艺术家、文学家都呐喊着向儿童学习、向儿童致敬。儿童不拘世俗、无与伦比的创造性代表了生命最初的模样。在课程改革行动中，教师改变以教学目标为导向的单一学习方式，在儿童进行个性表述、绘画创作、积极建构等过程中看见儿童的创造力，并予以珍视与呵护。

1. 个性化的自由表述

语言不仅是重要的交流工具，也是思维工具。《指南》中指出：幼儿期是语言发展，特别是口语发展的重要时期，幼儿在运用语言进行交流的同时，也在发展着人际交往能力、判断交往情境的能力、组织自己思想的能力等，并通过语言获取信息，逐步使学习超越个体的直接感知。儿童在直接感受、亲身体验、实际操作之后，通过语言表述对人、对自然、对社会的认知与感受。

教师在生活中与儿童平等对话的时候，常常被儿童的童言稚语所惊叹和触动！

政苑幼儿园的孩子们说："踩在草地上 —— 春天是痒痒的，好舒服！"

在讨论"成长是什么"话题时，孩子们说："是长高了，不像以前那么淘气了，更有力气了。""是学会了很多本领，会拍皮球，跳绳。""是可以和大人一样结婚生小宝宝。""吃饭越来越多就是成长。"

在文新幼儿园孩子们关于泥土的讨论中，孩子们说："我想知道为什么下了雨，泥就变成了泥坑？小猪佩奇跳过泥坑，我也想跳！有些小动物爱吃泥土，那泥巴是不是有香味啊？"

闻裕顺幼儿园孩子们在讨论"好朋友的点心桌该是怎么样的"话题时，中班的孩子表示希望点心桌有阳伞、有沙滩、有躺椅……

小和山幼儿园的孩子们阅读绘本《一个黑黑黑黑的故事》时，孩子们说："黑漆漆的，我怕有坏蛋！黑夜里有怪兽、野兽。"还有的孩子们说："我肯定像小老鼠一样躲在被窝里，蒙着头一直在那抖抖抖。""我会像猫一样勇敢往前走！"

儿童的自由表述中充满了童真世界里无与伦比的想象力和追根究底的探索欲。教师在儿童的语言表达中恍然大悟：原来，儿童对动物有天然的亲近感；儿童对直观形象的事物理解得更快；儿童对好朋友的表达超出我们的想象；儿童心理没有我们想得那么简单……

2. 多形式的绘画记录

《指南》中指出：艺术是人类感受美、表现美和创造美的重要形式，也是表达自己对周围世界的认识和情绪态度的独特方式。绘画作为儿童对外部世界及自身认识的一种重要表征方式，使得儿童的绘画作品不仅是艺术作品，更是记录信息的工具。当儿童沉浸在自己的绘画表达中，我们只需静静期待。待作品完成后仔细解读，你会发现以前看不懂的画，现在看得懂了，陌生的符号组成的作品成了能说故事的作品。

（1）儿童用画笔表达感受。

这片小树林是紫荆诚园幼儿园的小朋友最喜欢的地方，孩子们说："秋天的落叶落在地上，好像地毯一样。这里到处都有气球，我们在这里唱歌。"

紫荆诚园幼儿园幼儿作品

植物角里，闻裕顺幼儿园的孩子们齐心协力种下的土豆终于发芽长大了，孩子们用日记画记录下它成长的模样。

（2）儿童用画笔记录事件。

在"动物王国"的主题行进中，文新幼儿园的孩子们意外遇到了一条鲫鱼，大家让它在自然角里住下后，故事就发生了。首先，孩子们用画笔记录了大家在讨论"鲫鱼究竟吃什么？"话题中的观点。其次，为了能让鲫鱼吃得有规律且营养，孩子们还为它制定食谱。最后，为了在双休日也有人照顾它，孩子们排好了值班表。

闻裕顺幼儿园幼儿作品

文新幼儿园幼儿作品

（3）儿童用画笔展现思维。

政苑幼儿园小朋友讨论到好朋友家去做客该注意些什么。大家提到一定要带上好吃的东西给好朋友，比如橘子、葡萄、苹果、棒棒糖……孩子们认为到好朋友家玩要帮助收玩具。孩子们还认为和好朋友约会可以写一封信说

幼儿作品：带好吃的东西给好朋友 　　　　　 幼儿作品：收玩具

明时间和地方，一起做什么。

在儿童的绘画记录中，我们看见了场景、人物、符号、文字，但最为重要的是看见了图画背后的儿童的思维、情感和表征能力。

杨杨：
　2019 年 5 月 10 日 10:12我可以去你家做客吗？不知道可不可以坐在你家一起看旺旺队？有没有橙子和西湖龙井茶呢？我们可能会一起玩遥控汽车和飞机。
帅帅

幼儿作品：一封信

3. 多元化的材料运用

儿童在与人、环境及材料的互动中发展。儿童通过操作探索和感知外部事物，建构新经验，其中，材料作为重要媒介发挥了关键作用。皮亚杰认为儿童必须通过做动作进行学习。动作是连接主体和客体的桥梁和中介，一切知识是主体与客体相互作用的产物。儿童只有参与各种活动，才能形成假设，进行验证，获得真实的知识。儿童在活动中自发地与材料进行互动，是儿童表达情感、验证假设、展现创造力和想象力的基础。通过调整材料、不断尝试、同伴合作，从而建立自己新的经验。

（1）在建构中表达情感。

当文新幼儿园的孩子们得知因为澳大利亚发生了森林大火，那里的 5 亿只动物被活活烧死，还有不计其数的动物受伤，他们既着急，又伤心。孩子们经过讨论决定为动物建造游乐场。见下图。

我们来搭一个"小书屋"，小动物就可以在这里温暖地生活！

这是给动物妈妈和动物宝宝们的"排屋"；这样它们可以住在一起。

我们给高个子动物搭的高房子，这样它们住在里面会非常舒适！

动物云霄飞车，动物一玩就会爱上它！

动物飞机，小动物们有了飞机想去哪儿都行！

这是碰碰球，动物们可以和小伙伴一起玩！

文新幼儿园幼儿建构作品

（2）在制作中探索未知。

"彩虹鸟窝"

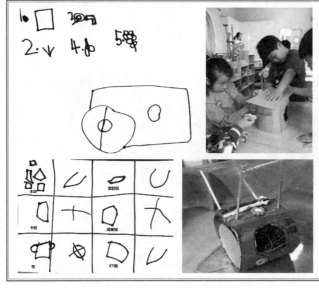

"蘑菇鸟窝"

在一次户外散步的途中，幼儿园里来了一只黑色的大鸟，这吸引了孩子的注意。孩子们萌发了制作一个鸟窝来留住小鸟的想法。孩子们设计图纸、寻找卡纸作材料、用剪刀裁剪、用胶带纸拼接、用颜料涂色、最后用胶带纸罩面做防水处理，一个"彩虹鸟窝"诞生了。孩子们用硬纸板设计了圆形的鸟窝，用吸管和塑料纸做了雨棚，一个"蘑菇鸟窝"完成了。孩子们找来了木板、树枝和各种制作工具，敲敲打打中完成了拼接工作，再用干花、颜料美化鸟窝，一个"花房子鸟窝"完成了！

"花房子鸟窝"

儿童利用材料进行制作时，心中是有目标和期许的。他们在和同伴合作应对一个又一个挑战，完成作品之时内心的喜悦与兴奋一定溢于言表。事实也证明，儿童在自己"做"的过程中，学会了思考、重构了知识经验、提升了动手能力、学会了社会合作。在与多元材料的互动中，我们看到儿童的多种表达，这一刻，造物不再是简单的造物，因为有了生命与情感的注入，儿童成为具有创造力和无限可能的造物者！

三、珍视和理解儿童的思维

"有创见的表达"表明儿童大脑中潜藏着丰富的思考能力。儿童虽缺少生活经验，但具备探寻和思考事物的能力。他们会发现问题，也会努力用自己的方式去理解问题、表达想法和寻找原因。在课程改革实践中，教师给予儿童空间、时间、材料以及陪伴，儿童天性中的求知欲与内在的学习力量被唤醒，更加愿意主动地探索未知的世界。

1. 儿童的哲思令人赞叹

从东方到西方，从古代到现代，众多名人赞美儿童，追随儿童，希望能向儿童学习，永葆童心。因为儿童的超乎寻常的想象、至真至善的表达、对于事物本质的追问都是成人所缺失的。因此，儿童的思维值得被珍视和理解。

例如翠苑第一幼儿园的哲思课程，就特别珍视儿童在寻常生活中的哲学追问和思考。当孩子们驻足观察落叶时，他们不仅交流着树叶的形状、大小、颜色和落下的原因，还深入地讨论了其他问题。"树叶可以不落下来吗？""既然要落下来，树叶为何要来到这个世界呢？""我们又为什么来到这个世界？"……有的孩子认为每个生命都是一样的，都会长大、变老，表达了生命需要遵循自然法则。有的孩子希望树叶可以在大树妈妈身上待久一点，他们认为树叶留在树上才美。还有的孩子开始思考生命的价值和意义，认为如果树叶一直长在树上，那新的树叶就没有地方长了，如果树叶都不掉下来，树下的小花就照不到太阳了……孩子们还联系自身，思考自己为什么要来到世间，有的孩子说是来陪伴家人，有的孩子认为是为了保护妈妈，还有的孩子说是为了当一名警察维护世界和平……孩子们不断发现问题、讨论问题，并在这个过程中获得启发。我们惊喜地发现孩子们离成为一名有创见的表达者越来越近了。

2. 稚拙的创作绽放天性

儿童抛弃了成人世界的条条框框，用最为朴素的方式来展现自己的所思所想。他们用简单随意的符号、具有想象力的作品来表达自己对世界的好奇、对事物的困惑和看法。

例如，翠苑第一幼儿园的小班孩子对"夜晚到底是什么"这个问题进行了思考，并表达了自己的想法。老师将孩子们在思维碰撞时说出的语言凝练成一首小诗。稚拙的创作闪耀着灵性的光芒，充满想象的语言鲜活而生动。

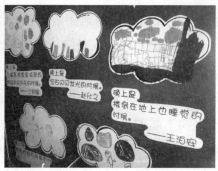

夜晚是宝石闪闪发光的时候；

夜晚是我们一起洗澡的时候；

夜晚是火车到达的时候；

夜晚是小怪兽出来的时候；

夜晚是楼也倒在地上睡觉的时候……

成人很少思索常识中存在哪些漏洞和含混之处，儿童却直指问题的本质，和孩子一起探究日常生活中那些显而易见又含混不明的事物，是对成人心灵深处的敲打。儿童思维的活跃与开放使得他们一定会有质疑、有发现、有感叹、有追问……而这一切都是儿童思考的产物，是儿童有创见的表达。这些表达犹如夜空中的星星，熠熠生辉。

第三节　享受成长的课改实践者

西湖区课改孵化行动给幼儿园和教师们带来的变化是前所未有的。教师在课改的实践和探索中获得了怎样的成长呢？本章节我们将从"课程意识的回归与重建、课程内容的融合与创生、专业水平的反思与提升"三方面来阐述教师在这次课程孵化行动中的收获和感悟。

一、课程意识的回归与重建

教师课程意识的回归与重建过程，是一个教师在实践中对"认识自己"进行重新思索与回答的心路历程。

（一）教师课程意识的自觉生成

教师的课程意识生成于具体的实践情境中，教师在课程实践中形成的对课程的认知与认同，是课程意识形成的前提和动力。

案例 4-3-1　　　　　我的课改体悟

为了全面了解教师在课程改革行动中的经历与体验，我们对教龄22年的一线教师J老师进行了一次深度访谈。

访谈者：J老师，你参与课改实践有几年了？

J老师：有五六年了。

访谈者：第一次参与课改行动是什么感觉？

J老师：很迷茫、紧张、害怕，因为不知道怎么去开展。抛开教材生成课程，这个改变比较大。

访谈者：这种改变你喜欢吗？是否认同呢？

J老师：其实一开始还是不太能接受的，工作了这么多年已经适应了开展主题教学活动前参考教参，提前安排的教学活动让我很有安全感。虽然幼儿园领导也参与讨论，邀请专家指导，但是总是找不准点，课程内容要么就是太多了不聚焦，要么就是偏离了幼儿的发展需要，（我）有挫败感。

访谈者：现在你有什么特别的感悟吗？

J老师：现在感觉挺好的，虽然一开始实践起来比较困难，但是慢慢地找到了感觉。（我）发现这样的课程形式多样，可利用的资源和内容丰富，可不受时间、地点的限制，灵活灵动，最主要的是孩子们喜欢。现在只要我看到班里的孩子们正在关注某个话题，有疑问或困难，都会自然生发出主题或者项目活动。跟着孩子走，做他们想要的、有意义的事儿，（我）觉得特别有成就感。有的时候开展课程也会遇到瓶颈期，或者说开展中可能不知道怎么去拓展，和园领导、同事，或者小朋友们聊着聊着，突然间有思路了，这个时候有种豁然开朗、眼前一亮的感觉，我特别享受（这个感觉）。

从J老师与课改行动的故事中可以看到，J老师对课改行动的态度经历了从"很迷茫、紧张、害怕"到"一开始不太能接受的，有挫败感"，再到"现在感觉挺好的，特别有成就感，特别享受"的转变过程。教师在课程改革中主动参与课程研究的愿望越来越强。

1. 理念更新后的课程认知

课程认知即教师对课程本身的理解和对外在的工作实践要求、规范的认识，以及将认识内化的过程。从J教师的课改经历中可以得出教师课程意识始于教师教学实践的需要和对课程的接触与认识，在此基础上，教师逐渐形成新的以课程知识为基础的体会与认识。自2016年西湖区开始进行课改行动，在区指导中心的带领下，"发现儿童"项目不断深入开展，教师的儿童观不断更迭，对幼儿园课程的认识也在变化。

案例 4-3-2　　　　　　　我对课程的认识

M：能为儿童发展提供教育契机的，贯穿幼儿一日生活的皆是课程，物质环境和文化环境也是课程的一部分。

Y：我理解的幼儿园课程包括了一切支持幼儿学习、探索的活动和资源。从重视教师的教转变为重视幼儿的学，要努力发现儿童，支持儿童。

W：我认为幼儿园的课程不能再局限于集体教学和区域游戏，应该给孩子更大的感受和探究的空间。幼儿园的课程应该是老师调动身边一切可利用的资源和机会，让孩子参与其中，自然而然地获得经验。

W2：幼儿园课程越来越多地凸显了儿童的主体地位，注重儿童视角下的学习价值，这种学习更多的是整合式的，有时是由生活中偶发式的随机教育演变的一系列项目活动，有预设的主题教学，也有其他生活环节中的生活教育，只要是儿童能够有收获和成长的都是课程。

……

可见，教师的课程观念在不断更迭，他们摒弃了原有高控式、假项目的课程观念，建立起综合性、生成性、动态性的课程观念，能够更加关注幼儿的学习兴趣、学习方式，能够更好地理解与尊重幼儿的认知偏好。

2. 直击内心深处的课程认同

课程认同是指教师对课程不仅有所认识与体验，而且从内心深处承认它、接受它，并逐步内化为自己的课程观，从而自觉地表现在行动中，也就是实践主体理解某种教育观念，并接纳它作为自己的生活原则，从而在行动中遵循它。有了课程认同感，教师才有可能产生自觉有效的课程行为。因为认同"一日生活皆课程"的理念，认为儿童的经验是在日常生活的体验、探索中建构和积累的，老师们便努力使教育与生活紧密融合，寻找身边的课程。

案例 4-3-3　　　　　　　　　　**课程就在我们身边**

西溪里幼儿园生成了"共享也可以这样美好"的课程故事，因为在"坐电动车戴头盔"交通规则的要求下，孩子们没有头盔或头盔忘带的情况屡有发生，毛老师在共享理念的触动下尝试提供共享头盔，于是，他和孩子们一起开始了一场关于"共享头盔"的学习之旅。首先教师和儿童共同建立一个真实的生活情境"共享头盔站"，然后小朋友在"金牌管理员"的体验活动中，自主观察、记录实践行为和体验感受，在情境中确定大家共同认可的"社会规则"，最后给儿童提供可模仿的、有力的榜样刺激，从而让共享行为更加地深入人心。

梅雨季节对于杭州的孩子们来说非常熟悉。吴老师带着孩子们通过观察、讨论、调查、实验，走进了"梅雨季"。这不仅揭开了"梅雨季"的朦胧面纱，更让孩子们学会了许多应对梅雨季节的小妙招。同样，夏天蚊子来袭时，"嗡嗡嗡"的声音，吵得人无法入睡，蚊子叮你一口后，皮肤会痒、会痛，甚至还会起水泡。这时，季老师和孩子们通过做香包、挂艾草、安装纱窗、自制驱蚊水等小妙招来驱蚊。孩子们还发挥了想象力，创想了很多作品，《蚊子开起了派对》《蚊子喝起了冰爽的果汁》《蚊子真的要减肥了》。这些作品能让人感受到孩子的童趣童真。

正如《指南》中所提到的，教师要"有意识地引导幼儿观察周围事物"。教师应该具备相应的素养，做生活中的有心人，关注时事和热点，并有意识地在课程实施中尝试运用。教师和孩子一起经历这些有趣的探秘过程，不仅可以丰富认知经验，更重要的是习得积极的生活态度。

3. 课程实践中的幸福体验

在教师课程意识的生成过程中，情感体验至关重要。教师只有在所从事的课程实践中产生主观感受，在情感上心甘情愿、乐意接受这些要求，才能在行为上积极落实。当教师从课程实践中感觉到成就感，体会到乐趣，才会产生愉悦的情感体验。

案例 4-3-4　　　　　　　　　从书本到孩子

在接触到生成课程之前，我对课程的理解全部来自教材。不管是开展公开课、考核课，还是日常的主题课程，我都会先翻翻书，看看书上有什么好的课程，从没有想过自己去生成课程。

还记得第一次生成课程，是在园领导和师傅的帮助、引领下完成的。那时园所改造后有了一个看着"很有危险性"的战壕游戏场，我们便利用场地资源尝试生成主题。那是我第一次知道"安全周"课程可以做得这么有趣，可以围绕"安全路线图"来展开。也是我第一次知道，安全周的课程可以突破老师讲学生听的枯燥形式和看视频谈感受的一贯模式。在这次安全周的课程中，我们带着孩子观摩场地、研究路线图、设计路线图，孩子一直在实践中看、实践中学，趣味横生。第一次的生成课程经历让我逐渐产生出"原来我也可以"的想法。

之后，我开始有了信心和兴趣，目光从教材转向孩子，"孩子想了解什么""孩子想知道什么""孩子对什么感兴趣""孩子现阶段的成长难题是什么"都可以成为课程的生发点。我独立开展并撰写的课程故事《嗨，你好，足球冠军》在《幼儿教育》杂志上发表，并在杭州市获奖。课改让我收获了很多，我想说："原来我也可以这么棒！"

（西湖区枫华府第学前教育集团阮丹丹老师的成长感悟）

从丹丹老师的成长感悟中可以发现，当教师有了充分的课程自主权，有了自己的课程思考并且做出一定的成果时，教师就能体会到课程改革带来的成就感和幸福感。

（二）课程主体参与意识的彰显

教师在课程实施过程中，时刻都会用自己独特的视野与经历去理解和体验课程，并将自己对人生的体验渗透在课程实施过程之中，创造出鲜活的经验，以构建真正意义上的学校课程。幼儿园教师们在编制园本课程方案之前会思考，幼儿园教育到底要培养什么样的儿童，幼儿阶段需要为孩子一生的发展奠定哪些基础，在年段课程审议时，我们会思考这个课程可发展的价值点是什么，哪些事儿是孩子必须要亲历的，可利用的资源有哪些……教师在课程开展前会思考这些活动以怎样的形式开展更适合幼儿，他们碰到困难时教师可以怎么提供支持等等。

案例 4-3-5　　　洞洞的世界　孩子的世界

小班的 Z 老师带着孩子们在幼儿园网坡附近开展项目活动。Z 老师原本预设在网坡开展运动体验类的项目活动，因为她认为小班孩子的活动应该更注重亲身体验，而且运动和游戏也是他们感兴趣的内容。

然而孩子们到了网坡附近却并不像 Z 老师预想的那样进行活动，而是在那里利用自然材料玩着买菜、烧菜的游戏。这让 Z 老师有点措手不及。

幼儿 J 正蹲在大树边上玩着。

Z 教师走过去，好奇地问她："你在玩什么？"

她指着树上的一个树洞说："我在这个洞洞里烧菜呀。"

此时边上围了好多小朋友，大家你一言我一语的，很快树洞成了孩子们关注的焦点。

第二天晨间活动时，孩子们路过网坡处，又发现了很多洞洞。

Z 教师问："你们有什么发现吗？"

"这个洞洞里多了好多石头！""昨天这个洞洞是空的。""我们把石头都弄出来，看看洞里有什么。"此时 Z 教师意识到，这才是有价值且孩子们感兴趣的内容。于是，Z 教师立即调整项目方向，带领这些小班的孩子围绕洞洞展开并推进项目活动。孩子们沉浸在项目活动中，他们找到了生活中的许多洞洞，并发现了不同洞洞的特点和用处。

项目活动行进过程中，我曾经也和 Z 教师一样，虽然预设项目的想法很美好，但是因现实中孩子的兴趣点太多，无法兼顾且不知如何取舍，这也导致项目开展停滞不前，孩子们一直处于浅层学习状态。项目活动的推进，需要教师时刻关注孩子们的关注点聚焦在哪里，并依据幼儿的兴趣和需求，推进项目深入。

（西湖区留下幼儿园叶舟莱的成长感悟）

从案例中可以看到孩子的童心、童真、童趣，更能看到教师在与孩子对话，与自己对话后，不再"牵着蜗牛散步"，而是"跟着蜗牛散步"！这次活动，充分体现了课程主体的参与意识。教师在课程实施过程中时刻把幼儿放在首位，一切从幼儿实际需求和发展需要出发，选择、处理课程内容，同时充分发挥专业自主权，将有价值的经验创造性地融入课程内容之中，不断探索有效的教育教学策略。

二、课程内容的融合与创生

（一）课程资源与生成项目的融合

西湖区大部分幼儿园尝试将园本课程融合到主题课程中，以"基于尊重、积极调试、适度创生"为课程实施价值取向，通过将园本课程和已有主题活动对接，使主题脉络和行进路径更适宜儿童学习与发展。如小和山幼儿园从幼儿的游戏方式、探索材料、探索规则和人际关系等方面考虑如何将幼儿园特色项目与主题课程有机融合，形成具有本园特色的园本课程。

案例 4-3-6　　　　　**从资源中来，到资源中去**

陶行知先生曾经讲到幼儿教育"从生活中来，到生活中去"，其实我想说园本课程的设计与实施可以运用同样的句式即"从资源中来，到资源中去"。不知道大家有没有和我一样的经历，总是绞尽脑汁去思考该从哪些地方入手跟孩子们一起做课程，让孩子们在园本课程中深度体验成长乐趣，然而那个时候我忽略了一件事，那就是我们拥有课程资源！其实在实施课程的过程中，我发现有很多主题活动的内容深受幼儿喜爱，教师能和孩子们一起在园本特色课程理念下，以项目活动、主题活动等形式创生课程。

　　例如，在课程资源《幼儿园体验式学习与发展课程》中班下"桥这一家子"的主题活动中，孩子们先通过学习课程资源积累了诸多关于桥的知识经验，当活动开展到"人体桥"时，我发现孩子们对人体造桥非常感兴趣，于是，活动结束后，我们将"多趣玩"运动课程与课程资源有机结合，通过问卷调查"人体桥"的设计与实施，"人体桥"的小组展示等活动，帮助孩子提高对身体的控制能力以及上支撑、下肢撑等能力。当关于"人体桥"的系列活动结束后，我们又继续探究与桥相关的其他活动！所以，从资源中来，到资源中去，将资源与园本课程有机结合是园本课程建设与实施的有效方法之一！

（西湖区小和山学前教育集团蒋丽娟老师的成长感悟）

　　西湖区推进课程园本化以来，越来越多的幼儿园像小和山幼儿园一样，把儿童放在主位，相信儿童是有能力的学习者，并将课程资源与园本课程相融合。

（二）基于儿童立场的课程创生

　　当教师有了课程思维和项目思维后，他们对课程创生的敏锐度便会越来越高，并发现课程创生并不难。课程改革期间，各个幼儿园生动鲜活、富有儿童味道的课程故事不断涌现。特别是在2020年初新型冠状病毒疫情期间，西湖区各个幼儿园的老师们敏锐地觉察到这次疫情引发的社会事件所蕴含的教育价值，他们关注孩子的身心健康，创生出相关的课程故事。

案例 4-3-7　　教师适度退位，幼儿主体凸显

　　在以往的课程推进过程中，我往往会依据预定的内容开展活动，因此，在落实幼儿主体性、项目活动个性化的理念中还存在表面化的问题。在不断的课改实践中，我们发现以"学"为中心的幼儿园课程理念逐渐被运用于实践，课程中的项目开启往往以幼儿为主。在一次次课程的优化中,"促进幼儿发展"逐渐成为一种课程观,幼儿有了更多的自主权,也有了活动的欲望。教师会通过多种渠道了解幼儿的原有经验和真实需求,关注幼儿的行为表现,真正把"幼儿主体"的理念落到实处。在"地铁"项目活动中,孩子们对幼儿园旁边的地铁感兴趣,他们一直关注着地铁,从建造到开通。教师带领幼儿走进地铁站认识了地铁,了解坐地铁的方法,乘着地铁去春游。又如项目活动"不能'看'的秘密",小树一班的一场"尿床"风波引发了孩子们为自己打造更衣室的行动。孩子们从"搬砖砌围墙"、用PVC管搭架子失败的过程中寻找到了最佳方案。为了搭建和装扮更衣间,孩子们通过测量来获取尺寸,通过绘画让它变得更加好看……这都源于儿童内在的驱动力。

（西湖区文新学前教育集团陈堃老师的成长感悟）

由此,可以看到教师在课程实施的过程中,对"以幼儿为本""回归生活"等幼儿园课程特质有了更具体、更真切、更富有深度的理解,进而提高课程创生的能力。

(三)课程组织形式的多元融合

课程改革以来,随着教师对幼儿学习方式的关注、对深度学习的重视,课程实施的形式也发生了变化。原先关注主题教学活动的教师越来越关注小组学习、项目活动、自主游戏等活动方式,并采用能充分体现学生自主学习、自主实践的活动形式支持幼儿学习。如申花路幼儿园的老师们在《创客养成:幼儿园STEAM项目活动课程》的推进过程中,一直在思考"孩子是怎样学习的? 怎样让孩子有意识地学习"等问题。在课程实践的过程中,教师们深刻地感受到了建立在"儿童视角"基础上的幼儿园环境才是孩子们喜爱的环境。因此,教师要为幼儿的学习提供多途径、多元化的支持。

案例 4-3-8　　　　　　　　一个活动引发的多种发现

幼儿园项目课程的实施，让身处一线的我们体验到了"儿童视角"带来的变化，就像马拉古奇说过，和幼儿一起共事，是三分之一的确定，以及三分之二的不确定和新事物。

在小班的番茄种植活动中，教师关注到孩子们的兴趣点存在差异，于是便以分组开展小项目活动的方式满足不同孩子的需求。有的孩子对"给番茄苗浇水"产生了极大的兴趣，于是，教师在班级建构区创设实景生态区，投放管道、PVC等低结构材料，供孩子们进行接水灌溉的建构游戏；有的孩子对种植区发现的蚯蚓充满好奇，教师敏锐地捕捉到了孩子们对蚯蚓的热情，开展"我和蚯蚓做朋友"的游戏，鼓励幼儿摸一摸、看一看、碰一碰等，并在班级科学区专门开辟出一个饲养角，供幼儿持续探究，此外，还开展了区角活动"蚯蚓日记"，这是班级幼儿最喜欢的区角活动之一；在番茄种植的过程中，孩子们经过调查、比对，发现小便也是很好的肥料，而且收集方便。在幼儿收集的过程中，他们产生"为什么我们的小便颜色不一样？"这个问题，于是，教师和幼儿开启了一场关于人体便便的绘本之旅。

（西湖区申花路幼儿园余林霞老师的成长感悟）

每个孩子的发现都值得教师珍视，每个课程的价值点都值得教师和孩子一起探寻。教师灵活的课程实施形式，如集体引领、分组教学、区域创设、主题推进或项目生成，能满足不同孩子的需求，这正是西湖区全体教师努力追寻的目标。

三、课程实践的反思与提升

在西湖区课程孵化行动中，教师作为"反思性实践者"，通过参与园本课程建设，即制定课程目标、选择和实施课程内容、反思课程推进成效等，深入理解幼儿园办园理念。教师以研究者、开发者、策略者、实施者等角色参与课程开发和决策，在学习与反思的过程中不断获得专业成长。

（一）在课程目标调试中，正确认识儿童的发展

在课程建构过程中，课程孵化专家团队不断引领教师思考课程目标追求的是什么、园本课程发展儿童的哪些特质、如何用适宜有效的方法建构课程等问题。作为课程实践者的一线教师也在课程建构的过程中尝试基于儿童长远发展目标制订课程内容，实现对儿童的"真陪伴、真支持"，助推儿童可持续发展。

案例 4-3-9　　从"特别的我"到"不完美小孩"

政苑幼儿园园本课程最初的定位是"特别的我"，主要强调发现和欣赏每一个独特的个体。有专家对此提出质疑，"哪个孩子不是独一无二的？只是个体还不够完美而已，教师要支持每个个体在原有基础上发展得更好，而不仅仅强调特别"。面对质疑，幼儿园全体教师结合课程实践再度审视课程定位，从"特别的我"转变为"不完美小孩"，强调让幼儿认识自己，做更好的自己。教师们将"认识自己，做更好的自己"的目标渗透到幼儿的生活、自主游戏、运动和主题活动等各个方面，践行"四个真"理论，即真需求、真行动、真观察和真支持。

可见，政苑幼儿园教师们的价值取向从"特别的我"转变为"不完美小孩"，课程目标从关注孩子的特别到接纳孩子的不完美，进而引导孩子做更好的自己。这样的课程目标对孩子的发展才是可持续的。正因为在实践和反思中对课程目标的定位有了新的认识，教师才能从儿童的视角出发帮助孩子们去认识和感受周围的人、事和环境。

（二）在主题审议中，探寻真正的儿童视角

西湖区的基于课程资源的园本化实施的卷入式研修，借助西湖区教研员沈颖洁特级教师引领制定的"5·1审议研修工具"（一张图、一条路、一

份学案、一个发现、一类主张),实施园级、片际、区级等多层次的课程审议,帮助一线教师在课程实施前、中、后进行反思。这已成为西湖区的研修常态,它带动着区域内不同层次幼儿园的课程园本化能力的整体提升,也帮助一线教师们在实践反思中不断成长。

案例 4-3-10　　**探寻儿童视角的5·1审议研修工具**

在课程改革带来的一系列卷入式研修的过程中,身为一线教师的我感触颇深。课程改革前我们总会根据以往的经验来提前准备下学期的主题内容,并经过自上而下的层层研讨,挑选出适合当下幼儿经验的主题。孩子的需求经常会被教师的想法所代替。而学习和了解了"5·1审议研修工具"后,我发现之前我的儿童视角是伪视角。"5·1审议"中一张图、一条路清晰明了地告诉我们一线教师如何对主题背景、幼儿需求、主题价值进行深度分析。慢慢地,我知道了教师站在哪个角度才能获得真正的儿童视角。在整个主题审议与实施的过程中,我与幼儿想在一起,玩在一起,聊在一起。我会和幼儿一起想想什么游戏好玩,可以怎么玩,也会和幼儿一起愉快地玩耍,面对面地谈话,还会听听他们聊天的话题以及内心的想法。

虽然我会事先预设课程行进路线,但也会增加留白和预留分支,便于在课程实施中,基于幼儿实际情况灵活把握课程行进方向,满足幼儿的真实需求。当有了真正的儿童视角后,我在课程实施中不再迷茫,而是和幼儿一起快乐地享受着课程推进过程中的幸福感。

(西湖区文鼎苑幼儿园陈赟老师的成长感悟)

"5·1审议研修工具"让一线教师们开始关注儿童,关注课程对儿童发展的价值,探索利于儿童学习的适宜的课程组织形式、课程开展方式和课程活动的载体等。"5·1审议研修工具"中的一个发现和一类主张能有效促进教师进行自我反思。

（三）在课程推进中，从儿童视角出发去思考

本次课程改革中，一线教师面临的一个挑战是怎样理解"儿童中心"与"教师主导"的理念。尤其在课程实施过程中，教师要思考如何放手，何时放手，教师的价值如何体现等问题。教师需要在一次次课程实施过程中以儿童的视角去思考，才能找到课程的价值。

案例 4-3-11 飞机"放屁"啦

最近科海路幼儿园的孩子们专注于对飞机的研究，对飞机的"各种事"都很感兴趣。比如在一次饭后散步中，孩子们看到了天空中飞过的一架飞机留下的一条长长的白色"尾巴"，有个孩子打趣说："看，飞机放了个屁。"其他孩子都抬头观察着这一现象且神情非常兴奋。于是，教师敏锐地捕捉到了这一有价值的事件，用"什么是屁？""这是飞机的屁吗？"等问题来了解孩子们的原有认知和看法，同时又抓住孩子的兴趣点，激发他们的求知欲，支持儿童对"飞机的屁到底是什么？"进行自主探索，以此培养和提升孩子的观察、比较、整理、归纳和反思迁移能力。在"我来设计飞机尾迹云"活动中，孩子们不仅丰富了同伴交往和多元表达的经验，同时还收获了获取信息、收集资料的宝贵经验。更重要的是，老师将课程行进过程中收集的照片、视频、幼儿记录等进行了有序呈现，孩子们基于这些可视化表征互相交流，并用贴贴纸投票的方式选择了最喜欢的活动，用"笑脸、哭脸"表达自己在这个活动中的感受。以上的内容都将成为教师主题反思的重要内容。

起初，没有了现有的课程资源这根支架，我们老师像在大海中航行的帆船失去了启明灯的指引一样迷茫。但是随着园本课程的推进，经过一次次的课程研讨，我们浮躁不安的心开始冷静下来。渐渐地，我们发现只要捕捉到价值点，一次谈话、一个游戏、一种需求、一个偶然的事件……都可能是我们课程的来源，而这些正是孩子们真实的生活经历。孩子们在经历中的表现

是老师进行课程价值判断的重要依据，孩子们活动后的感受是老师进行课程评价的重要因素。

（西湖区科海路幼儿园姚刘芳老师的成长感悟）

基于儿童视角的反思可以让课程更加有意义。在课程推进中，教师从儿童的兴趣点、发展需求、活动感受等方面来进行理性的课程反思，并及时对课程做出调整，可以有效实现课程的价值。

第四节　幸福的儿童研究者

　　幼儿园园本课程孵化行动使教师建构起全新的课程观，将教育的价值取向从注重学业准备转变为关注儿童的终身发展，教师由原来的知识教授者转变为集多角色为一体的儿童研究者。一日生活皆课程的理念深入人心，教师的专业自信不断增强。教师形成了主动学习、自我发展、自觉研究的专业发展习惯，在课程改革的浪潮中与儿童一起成长，体验幸福。

一、教师持续发展的内动力不断增强

　　课程孵化行动，是西湖区推进的课程改革行动，幼儿教师是此次孵化行动最忠实的实践者。他们积极参与、实践摸索，借助区域推动的外部力量与幼儿园自下而上的内部生发力，在园本化课程建设实施中不断挑战专业发展的舒适区，努力成为有能力的课程建设者。这股由内而外生长的力量促进了园本课程有质量的实施。

1. 坚定职业信念

　　教师的职业信念是教师投身于教育事业的根本动力，也是专业发展的内在动力。课程孵化行动，为幼儿园教师注入了鲜活的营养剂，改变了教师对自身职业的认知，帮助他们树立了牢固的职业信念。

　　27所孵化园经过多年的实践，积极探索了园本课程，展现了具备园所特质的课程样态，如：留下幼儿园的野趣课程、小和山幼儿园的多趣玩运动课程、文苑幼儿园的幸福种子课程、大禹路幼儿园的小禹点课程……多家媒体主动联系希望进行宣传报道，省内外其他园所希望前来参观学习，《幼儿教育》杂志编辑部也抛出了橄榄枝，邀约孵化园园本课程项目活动的稿件。"你若花开，蝴蝶自来"。这些纷至沓来的惊喜让幼儿园倍感欣慰，让参与课程改革的老师有了交流、学习与展示的平台和机会。老师们在展现自己的过程中进一步产生积极实践的热情，感受职业带来的成就感。

例如在留下幼儿园野趣课程理念下，叶舟莱老师率先尝试组织幼儿开展基于园本课程理念的项目活动《好玩的台阶》，这使幼儿园内其他老师跃跃欲试。这个项目活动在西湖儿童研究公众号上进行推送后，引起了同行的广泛关注，得到了杭州日报首席评论员的点评。此后，野趣课程的影响力不断扩大，其他幼儿园主动前来参观学习。

当老师的专业性被同行、业界专家和社会认可时，强烈的成就感和幸福感让教师从内心深处认可并接纳幼儿教师这一职业，并为自己是幼儿教师群体中的一员而感到欣慰与自豪。这也促使教师坚定内心的信念，对未来的职业发展充满期望。

2. 增强使命感

课程孵化行动营造了开放、自主、支持、接纳的生态环境，每一所孵化园紧锣密鼓地开展基于本园实际的园本课程实践。课程建设的专题培训、孵化园工作坊的专家入园指导、园本研修团队跟进支持等一系列举措，使得处在课程改革热潮中的一线教师深刻感受到区域推进课程改革的态势和高效的行动力。教师间的正向的竞争增强了教师"身在此时，必有作为"的责任意识和使命担当。经历即是收获与成长。课程改革帮助老师实现专业成长，教师个体的获得感深化了教师对职业的使命感。

例如文苑幼儿园的幸福种子课程，旨在让每一位教师体验作为文苑人的幸福。文苑园区负责人袁一萍老师曾说："在课程改革的这几年，我除了在指导中心挂职一年，还在集团的四个园区工作过，并加入了沈颖洁名师工作室，在很多人的帮助与支持下专业得到了发展。2019年，我还获得了杭州市教坛新秀的称号，这不仅是我个人的荣誉，更是幸福文苑的荣誉，因为在此过程中我获得了文苑团队很多人的支持与鼓励。现在文苑的幸福种子课程已初见成效，我也很高兴见证并经历了此过程，未来必将不忘初心、牢记使命，继续脚踏实地地践行在发现儿童的教育之路上，每天都与儿童一起看见幸福、感受幸福、表达幸福。"

3. 提升学习反思力

园本化课程的实施需要教师具有敏锐的课程意识和善于学习的能力，需要教师主动地思考儿童的兴趣是什么，怎样的活动是儿童需要的，研判活动是否具有价值。通过课程改革实践，教师的学习态度由"接受地学"向"主动地学"转变，教师学习的积极性、主动性增强，学习兴趣更加浓厚。他们不再局限于专业领域的学习，而是打破学习的边界，跨学科、整体系统地学习知识。与此同时，学习方式的更新，让教师不再只是从书本中学习而是同时在园本课程的实践中向同伴学习、向儿童学习，教师可以随时调整教育行为，以批判的态度看待课程实施的效果，在质疑中提高学习的敏感度和自觉性。

在具体的教学情境中，教师会自发地思考怎样给儿童提供有益的经验并更好地促进其已有经验的增长，为儿童的发展提供支持。每次项目活动结束后，教师会及时梳理和总结，反思自己的教学行为、组织策略是否恰当，提供的材料是否有意义，是否为儿童的学习提供有效的支持……这些自觉自发的学习和反思让教师在学习中进步，在反思中调整，在调整中优化，为课程改革的深入推进注入了强有力的动能。

闻裕顺学前教育集团袁梦倩老师说："课程孵化前，我主要按照年级组审议后的活动内容和活动顺序来开展活动。但在课程孵化活动开展后，教科室、年级组、班级三级紧密联动，互相审视、跟进和探讨。在这过程中，我学会了思考各个教学活动与主题核心目标、主题活动价值，乃至与儿童发展之间的关系。一个个教学活动在我眼中不再是孤立零散的，而是达成主题目标、促成幼儿发展的实实在在的阶梯。更重要的是，我慢慢能够将课程与班级孩子的现实需求进行关联，能主动分析和辨别年级组审议后的教学活动，并根据班级情况进行选择，创生性地实施，使主题、课程能够更好地服务于本班儿童。我感受到了自己的主观能动性，更愿意主动思考。这便是课程孵化带给我的最深刻的改变。"

二、教师的专业自信愈加笃定

专业体现在教师的理念中，更体现在具体的情境化的教育活动中，在课程改革中，教师的专业自信在课程实施中得以建立起来。

1. 角色认知全面

园本化的课程实践，鼓励教师结合本园实际、幼儿兴趣和需要开发课程资源，开展活动。它拓展了教师的视角，丰富了教师的专业知识，使教师的角色认知发生了改变，即从被动的课程执行者转变为园本课程的开发者和实践者。课程改革让教师从被动的执行状态中苏醒过来，积极主动地利用周边课程资源进行课程开发。

同时教师从知识技能的教授者转变为儿童学习与发展的促进者、引导者与支持者。当教师敏锐地观察到幼儿的兴趣点后，要及时抓住教育契机，调动幼儿已有经验，激活幼儿兴趣，生成幼儿感兴趣的活动；当幼儿在探究活动中经验不足时，教师需要找到与幼儿已有经验契合的连接点，进行价值判断……这种认知有力地推动了园本课程改革的步伐，提升了教育质量。无论是刚踏入工作岗位的年轻新老师，还是经验丰富的骨干教师，对自己在园本课程建设中所担任的角色的认识都是准确到位的。

例如，三墩镇中心幼儿园李懿芸老师是一位新入职的年轻老师，课程孵化行动让她刚踏入工作岗位就转变了自己的角色。一开始她对教师在幼儿活动中的角色定位很模糊，认为教师只扮演问题的"解决者"的角色，只要幼儿有困难马上给予帮助。后来，在主班老师的引导和自己的思考下，渐渐明白教师应善于发现幼儿感兴趣的事物、游戏和偶发事件中所隐含的教育价值，把握时机，积极引导。教师的角色应从幼儿活动的"解决者"变成"支持者、引导者和参与者"。

文新学前教育集团业务负责人徐甜甜老师在谈到自己对幼儿园教师角色的认知时说："没有孵化前，我们的老师对儿童的关注还处于比较低频的状态，对从孩子出发的课程关注比较少。孵化后，我们的老师对课程理解的视角变多了。他们能敏感地从生活中捕捉一些事件融入课程或生发课程。同时，课程实施中，对儿童的关注也从听到什么转变为从中分析出了什么、想到了什么。教师支持的意味更浓了，他们开始追随儿童的脚步（兴趣、需要和经验发展）来推动课程。"

2. 专业定位清晰

五年来的课程孵化行动锻炼了教师的园本课程开发能力、善于解决问题的能力、良好的沟通能力以及调控课程走向的能力，帮助他们建构起整体、系统、全面的课程观，科学的儿童观和教育观。教师对专业角色定位也更加清晰，那就是做一名幸福的儿童研究者。

教师试着以儿童的心境和视角去观察周围的世界，努力把自己放在儿童的位置，让自己看到的、听到的、想到的和体验到的更接近于儿童，同时，敏锐捕捉他们的所思所想，在释放儿童的天性中引导儿童，与儿童共成长。教师研究儿童、研究课程是一种严谨的态度，是专业理论更新迭代的过程，更是一份沉甸甸的责任。在实践中，老师们意识到，教师的角色定位是随着儿童学习的发生、发展而动态变化的。有时候教师要跟在孩子后面，倾听观察并给予支持；有时候教师和孩子并肩走，一起体验过程的精彩；有时候教师又要走在他们前面，做好经验的准备。总之，教师需要根据当下的教育情境，智慧地调整自己的位置并发挥作用。这样的专业定位使教师的成长之路越走越远，越走越坚实，也使课程质量的全面提升未来可期。

3. 胜任能力提升

幼儿教师胜任力是指在幼儿教育教学工作中，教师能够有效或者出色地完成本职工作的个体的潜在特征，主要包括能力、自我认知、动机以及相关的人格特点等，它是影响学前教育质量的主要因素之一，对幼儿未来的学习和发展会产生重要的影响。园本课程的实践，让教师不仅熟练地掌握了处理具体事务、日常教学任务的技能，而且在富有情景化的教育活动与富有动态变化的项目活动中掌控课程的走向，了解儿童在活动中的经验，以及创造表达和探究学习的水平，给予适当的支持，并优化课程实践。这期间所经历的活动环节的安排，环境、材料等的有效调配，是教师个人胜任力的外在表现。教师需要洞察儿童在活动中的需求，探寻教育规律，掌握预设活动的大方向，基于活动现场灵活调节活动安排，满足儿童的探究兴趣，实现教育质量的提升。

如文苑幼儿园的陈文珍老师刚开始实施班本化课程的时候很焦虑，不知道用怎样的思路去推进课程的实施。但是经过不断地实践摸索、梳理总结，学习有关课程孵化的文章，她在学习与模仿中有了思路，慢慢找到了感觉。此外，幼儿园教科室的指导与支持，也让没有方向的老师在实践课程的过程中多了很多的底气。陈文珍老师曾说："我在课程实施前是相信自己的，同时也是相信儿童是有能力的学习者的。现在，我的课程实施能力提高了。我能胜任这样的工作。"

三、教师职业的生命样态丰满精彩

课程改革的主人是教师，受益的是儿童。区域课程孵化行动，让教师冲在了课程改革的前头，看到了儿童发展的潜力，感受到了研究儿童所带来的兴奋感与满足感，产生了美好的职业规划愿景和对自我价值的追求，进而深刻地体验到了幼儿教师职业的价值。这种情感体验使得教师焕发着别样的光彩。

1. 描绘职业规划新蓝图

职业规划是教师专业发展的导航仪，它指引教师驶向职业生涯的崇高境地。区域推进的孵化行动让教师在参与课程改革的历程中看到了未来职业发展的美好愿景，对未来的发展充满期待。以往教师对职业的规划的关注多为自身发展的某一项能力的提升。经历了园本课程的实践，我们的老师深刻地体会到专业发展规划是全面系统的规划，需要不断拓展职业生涯的宽度和广度，建立起以儿童发展为中心的职业规划新蓝图。如小和山幼儿园的老师，在谈到自己的职业规划时兴奋地说："我希望我能成为孩子心目中的'孩子王'。这是我的专业规划蓝图的目标。"成为"孩子王"需要教师对幼教事业有满腔的热情，对孩子有满满的爱，只有这样，才能支撑老师实现幼儿教师职业发展新蓝图中的目标。

2. 实现自我价值的追求

在这场课程改革行动中老师们孜孜以求，乐在其中，不断灌注自己的热情和灵感，不断探寻和追问。

例如文苑幼儿园黄雯君老师说："以往的教研确实让教师的儿童观彰显了，专业性也有所提高了。然而，当走入老师的教育教学现场，我们发现主题下的集体活动还是老样子，孩子的游戏还是得不到适宜的支持，似乎老师的转变不那么明显。现在研训活动以课程的园本化实施或生发为研训内容，教研与教育教学实践便得以整合。教师在课程实施过程中会从儿童出发，可以说，研训因此变得更接地气了，研训所带来的教师转变会作用于儿童的一日生活。这让我觉得研训有实效，工作更有价值了。"

张晔老师说："我们学会挖掘课程的核心价值、制定目标取向、厘清脉络进程，学会统筹资源、整合领域、兼顾差异。这既是挑战，也给予老师们更多的发挥空间和主动权，让他们能够在一线大展拳脚！课程实践的过程是教师不断提高自我专业素养的过程，而通过提高专业能力又能有效助推儿童的深度学习和发展。这不就是教师们实现自我价值的最终目的吗？"

职业生涯中的困惑与挑战成就了教师，而教师自我价值和社会价值的实现成就了这个职业。

3. 回归教师的本真情怀

教育的归旨是育人，这要求教师回归教育的本真，回到自然的、真实的教育理想中来。幼儿园课程改革为做一个有教育情怀的幼儿老师这一愿景的实现提供了途径和方法。

园本课程是基于各幼儿园特有的课程资源优势，发挥教师团队的力量和智慧，为儿童的发展托起一片蔚蓝纯净的天空。这片天空下，让儿童成为他自己，是课程的价值追求。教师需要探索园本课程的实施路径，呈现多元的园本课程形态，建构良好的教育生态，在职业生涯中更好地历练，绽放生命的灿烂花火。

园本课程实践的不断推进，让儿童做自由的自己成为可能，更让教师找到了心中的那个"小孩"，与儿童一起经历成长。如果说教师成就了儿童幸福的童年，不如说是儿童成就了教师本真的自我。

参考文献

1.虞永平.试论幼儿园课程文化建设［J］.教育导刊（幼儿教育），2008（1）.

2.李伟胜.学校文化建设的第三种路径：主动创生［J］.南京师大学报（社会科学版），2011（1）.

3.陈虹.陈鹤琴与活教育［M］.长春：东北师范大学出版社，2010.

4.陈旦映，朱寅.幼儿园"超级四合院"课程［M］.杭州：浙江教育出版社，2018.

5.仓桥物三.幼儿园真谛［M］.上海：华东师范大学出版社，2015.

6.黄进.教育视野中的自然环境［J］.幼儿教育，2018（24）.

7.虞永平.论幼儿园课程审议［J］.学前教育研究，2005（1）.

8.陈晓鹭，李晓梅.在园本课程实施中探索园本教研的有效形式［J］.教学实践与研究，2014（16）.

9.沈颖洁.以儿童立场来追问 —— 幼儿园开展"本源性主题审议"的实践与思考［J］.中国教师：上半月，2013（1）.

10.虞永平，张辉娟，钱雨，等.幼儿园课程评价［M］.南京：江苏教育出版社，2005.

11.上海市教育委员会教学研究室.幼儿园课程图景［M］.上海：华东师范大学出版社，2013.

12.刘霞.幼儿园教育质量评价的理论与实践［M］.北京：人民教育出版社,2017.

13.陈鹤琴.活教育·陈鹤琴教育思想读本［M］.上海：复旦大学出版社,2012.

14.王文岭.陶行知论生活教育［M］.成都：四川教育出版社,2010.

15.教育部.幼儿园教育指导纲要（试行)［J］.幼儿教育,2001（9）.

16.李季湄,冯晓霞.3—6岁儿童学习与发展指南解读［M］.北京：人民教育出版社,2013.

17.教育部基础教育司.《幼儿园教育指导纲要（试行)》解读［M］.南京：江苏教育出版社,2011.

18.德布·柯蒂斯,玛吉·卡特.和儿童一起学习 促进反思性教学的课程框架［M］.周欣,张亚杰,高黎亚,译.北京：教育科学出版社,2011.

19.唐玉萍.经验课程 在探索中生发［M］.南京：南京师范大学出版社,2011.

20.肖菊红.在探究中成长［M］.上海：复旦大学出版社,2017.

21.加雷斯.B.马休斯.童年哲学［M］.刘晓东,译.北京：生活·读书·新知三联书店,2015.

22.李学军.儿童心理学［M］.北京：中国国际广播出版社,2017.

23.中华人民共和国教育部.3—6岁儿童学习与发展指南［M］.北京：首都师范大学出版社,2013.

24.赵炳辉.新课改视域下教师课程意识研究 ——来自一所小学的个案研究［D］.吉林：东北师范大学,2009.

后　记

当这套丛书定稿的时候，我们每个人心底里都长舒了一口气，同时，内心深处升腾起满满的自豪感。一年多了，这套被我们亲昵地称为"妈妈书"和"宝宝书"的"幼儿园园本课程孵化丛书"，终于要与读者们见面啦！我们此时此刻的心情，就犹如在厨房里忙碌了好久，终于要端出佳肴与亲朋好友一同分享一样，内心有一丝忐忑，有一点兴奋，但更多的是与好朋友们共享成果的期待。

是的，这是时隔三年，继2018年西湖学前教育的区域性成果《发现儿童：旨在儿童观重塑的区域研修新样态》以来，西湖学前教育的又一区域性研究成果。记得美术编辑在设计封面的时候征求过我们的想法，我们当时不假思索地说："就按照前一本《发现儿童：旨在儿童观重塑的区域研修新样态》的版式进行设计，连封面上使用的照片也用当时同一个系列的吧。"我们想用这种方式简单且直白地表露我们的区域研修之心是如此的一以贯之、坚定如初。

西湖幼教人自2012年开始，就开启了以儿童观重塑为归旨的区域研修行动——发现儿童。随着儿童观的不断更新，儿童观的重塑成为撬动课程改革的杠杆，西湖的学前教育课程实践也自然而然地发生着变革。2016年9月，在"发现儿童"的课改之路上，我们继而"发现课程"。踏着浙江省学前教育新一轮的课改浪潮，西湖幼教人踏浪逐梦，又开启了"课程孵化行动"。时至今日，我们欣喜地看到，园长们的课程领导力被大大激发，工作重心转向课程的建设，他们更加关注课程资源的开发和园所文化、办园理念的培育；教师的课程意识被悄然唤醒，他们逐渐成长为有能力的课程建设者，在活动中创造性地赋权并支持着儿童，以极具智慧的方式与儿童共同热忱而又投入地编制着更适宜本班儿童发展的园本课程。

回望这一路，有很多人给予我们帮助。非常感谢远在北京的孙莉莉博士和周菁博士，她们带来的每一场研修，都仿佛有一种魔力，点燃了我们内心的"小宇宙"，让我们对课改跃跃欲试，充满信心。感谢浙江师范大学杭州幼儿师范学院和杭州师范大学学前教育系的众多老师，在王春燕教授、李克建教授、朱晓斌教授、黄小莲教授等专家的引领下，我们不断刷新对高质量课程的理解和追求。感谢省教育厅教研室幼教教研员虞莉莉老师对西湖区课改行动的关注和肯定，于百忙之中为本丛书作序。感谢杭州市教研员汪劲秋老师对西湖幼教的指导、赏识和厚爱。在她们的带领下，我们为教师搭建了展示自我的平台。感谢西湖区教育局领导以及专家们为本项目提供了研究环境和资源保障等支持。感谢"西湖儿童研究"微信公众号的小编们编辑发布课程改革的相关文章，让我们的研究被更多的同行所关注和认可。还有不能一一列举的其他领导、专家在各种场合为我们的行动加油打气，让我们在"发现儿童继而发现课程"的道路上愈走愈坚定！在此一并表示深深的感谢！恳请各位领导、专家能一如既往地守护与引领，在你们的指导和帮助下，西湖幼教会获得更大的发展，助力更多的教师，惠及更多的儿童！

本书在撰写过程中，几易其稿，我们以虚心务实的态度完成了书稿的撰写与修改。各章节的执笔者分别是：第一章：沈颖洁、傅蓉萍；第二章：郑秀凤、葛素文、马晓芽、张艳贞、须晶晶、余小丽；第三章：薛嫱娜、刘荣兰、阙晓燕；第四章：沈燕金、黄洁、何海婷、葛彩霞。沈颖洁负责全书的统稿。全书集结的是西湖区27所课程孵化幼儿园的实践智慧和行动历程，感谢提供大量案例的黄蓉蓉园长、胡建珍副园长等各幼儿园教研团队和教师们，不能悉数署名，深表歉意和感激。感谢浙江教育出版社王华女士的悉心编辑和为本书的顺利出版所做的工作。

特别要感谢南京师范大学虞永平教授。当我们带着忐忑的心情将完整的书稿交与虞教授审阅并邀约其作序时，他欣然应允并在极其繁忙的世界学前教育组织亚太区域会议期间为我们拨冗做序，让我们深深感动又备受鼓舞。

因水平有限，本书还有许多不足之处，有让我们深感"没能将那些鲜活的实践智慧准确表达出来"的遗憾，以及"更多源源不断的创新实践没来得及被收录进来"的感慨，但相信"发现儿童，继而发现课程"的儿童研究者们，在未来将加倍努力、潜心钻研，继续用心、用情、用智慧去发现学前教育的真谛！

沈颖洁

2021 年 11 月

图书在版编目（ＣＩＰ）数据

发现课程 : 基于园本课程建设的孵化行动 / 沈颖洁,
傅蓉萍编著. -- 杭州 : 浙江教育出版社, 2021.11
　（幼儿园园本课程孵化丛书）
　ISBN 978-7-5722-2626-7

　Ⅰ. ①发… Ⅱ. ①沈… ②傅… Ⅲ. ①幼儿园－课程
－教学研究 Ⅳ. ①G612

中国版本图书馆CIP数据核字(2021)第219480号

幼儿园园本课程孵化丛书

发现课程——基于园本课程建设的孵化行动
FAXIAN KECHENG JIYU YUANBEN KECHENG JIANSHE DE FUHUA XINGDONG

沈颖洁　傅蓉萍　编著

责任编辑：王　华	**文字编辑：**周慧敏
美术编辑：韩　波	**责任校对：**余晓克
封面设计：张曲如	**责任印务：**曹雨辰

出版发行 浙江教育出版社
　　　　　（杭州市天目山路 40 号　电话：0571-85170300-80928）
图文制作 杭州万方图书有限公司
印　　刷 杭州富春印务有限公司

开　　本：710mm×1000mm　1/16		**印　张**：15　**字　数**：207 000	
版　　次：2021 年 11 月第 1 版		**印　次**：2021 年 11 月第 1 次印刷	

标准书号：ISBN 978-7-5722-2626-7
定　　价：48.00 元

如发现印装质量问题，影响阅读，请与本社市场营销部联系调换，
电话：0571-88909719。